www.ingramcontent.com/pod-product-compliance
Lightning Source LLC
LaVergne TN
LVHW040051080526
838202LV00045B/3575
9788198129499

مزاحمتی نظمیں

انتخاب و ترتیب

اشعر نجمی

Bright Books

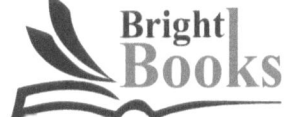

© Ashar Najmi

Mazahmati Nazmein
by Ashar Najmi
Bright Books, Thane, India
1st Edition : October 2024
ISBN: 978-81-981294-9-9

اس کتاب کا کوئی بھی حصہ مصنف یا ناشر کی پیشگی اجازت کے بغیر کسی بھی وضع یا جلد میں کلّی یا جزوی، منتخب یا مکرر اشاعت یا بہ صورت فوٹو کاپی، ریکارڈنگ، الیکٹرانک، میکنیکل یا ویب سائٹ پر اَپ لوڈنگ کے لیے استعمال نہ کیا جائے۔ نیز اس کتاب پر کسی بھی قسم کے تنازعہ کو نمٹانے کا اختیار صرف ممبئی کی عدلیہ کو ہوگا۔

Bright Books

Mira Road East, Dist. Thane, India
nidabattiwala@gmail.com

فہرست

تعارف	کملاداس/ اشعرنجمی	09
جب میں نے پیار مانگا	کملاداس/ اشعرنجمی	10
جنونی مت بنواور زیادہ شہوانی بھی نہیں	کملاداس/ اشعرنجمی	11
لفظ	کملاداس/ اشعرنجمی	11
کیڑے	کملاداس/ اشعرنجمی	12
دوپہر تین بجے	کملاداس/ اشعرنجمی	13
آئینہ	کملاداس/ اشعرنجمی	13
پرانا کھلونا گھر	کملاداس/ اشعرنجمی	14
ہمیں بہت سارے پھول چاہئیں	افضال احمد سید	16
اگر انھیں معلوم ہو جائے	افضال احمد سید	17
میں مار دیا جاؤں گا	افضال احمد سید	18
زندہ رہنا ایک میکانیکی اذیت ہے	افضال احمد سید	20
جلاوطن ہونے سے پہلے	عذرا عباس	22
سر کٹے	عذرا عباس	23
وقت کے مچان پر	عذرا عباس	24
ہم گنہ گار عورتیں	کشور ناہید	25
ایک نظم اجازتوں کے لیے	کشور ناہید	26
ہم دہشت گردی کے ملزم	نزار قبانی/ انور سن رائے	28
ایک احمق عورت کا خط	نزار قبانی/ انور سن رائے	31

34	نزار قبانی / انور سن رائے	قانا کے چہرے
39	جبینت پرمار	منو
40	جبینت پرمار	بلیک پوئٹری
40	جبینت پرمار	دلت کوی کی وصیت
42	جبینت پرمار	کاغذ
42	جبینت پرمار	صبح کی ہوا!
43	جبینت پرمار	کاٹ دیا برہما کے پاؤں کا انگوٹھا
45	نرالا / ارشد عبدالحمید	راجہ نے اپنی حفاظت کی
47	محمود درویش / اشعر نجمی	پاسپورٹ
48	ذکریا محمد / اشعر نجمی	نظم کا کام آنسو پونچھنا نہیں
49	احلام بشارات / اشعر نجمی	میری سولہ سال کی ماں
51	نور ہندی / اشعر نجمی	بھاڑ میں جائے تھارا لیکچر
52	ابتسام برکت / اشعر نجمی	فلسطین
52	موسا ب ابو طہ ا / اشعر نجمی	جنگ سے کم عمر
54	نومی شہاب نائے / اشعر نجمی	غزہ کا رہائشی ہونے سے قبل
55	خالد جمعہ / اشعر نجمی	غزہ کے شریر بچے
56	شارق کیفی	اہل مطرہ
57	شارق کیفی	مجرم ہونے کی مجبوری
57	شارق کیفی	دوسرے ہاتھ کا دُکھ
58	شارق کیفی	مگر یہ داؤ ہم کو کھیلنا ہے
59	شارق کیفی	نگہبانی ہٹک ہے
60	شارق کیفی	تماشائی نہ مل پائے
62	خورشید اکرم	خورشید اکرم کا پیشاب
63	خورشید اکرم	حجاب

65	جسنتا کیرکیٹا / اشعر نجمی	جب تم مزاحمت کرتے ہو
66	جسنتا کیرکیٹا / اشعر نجمی	پڑوس میں دیش دروہی تلاش کرتے لوگ
67	جسنتا کیرکیٹا / اشعر نجمی	مرے ہوئے لوگ
69	جسنتا کیرکیٹا / اشعر نجمی	سیاست کی شاہراہ پر
70	جسنتا کیرکیٹا / اشعر نجمی	ہمارا حساب کون دے گا صاب؟
73	گارسیا لورکا / ادیب سہیل	بربط کچھ بول رہا ہے
74	گارسیا لورکا / ادیب سہیل	الوداع
74	گارسیا لورکا / ادیب سہیل	گریہ و زاری کا قصیدہ
77	صدیق عالم	صحیح دروازہ
78	ادونیس / ارشد عبدالحمید	صحرا
84	یوگینی یوتوشینکو / اشعر نجمی	بابے یار
88	صدف اقبال	صدف اقبال تم کون ہو اور کہاں سے آئی ہو؟
119	رابعہ الربا	تمھارے لیے نہیں ہیں
126	ابرار مجیب	جبل الجودی کی غرقاب چوٹی اور آدم کا المیہ
130	ابرار مجیب	بدھنا کہار کی بکٹ کہانی
132	سلیم شہزاد	سورج کے پاؤں پہ ہاتھ
133	سلیم شہزاد	کن ساروو یووا کے لیے نظم
134	سلیم شہزاد	توہین کا سایہ
135	ناصر کریم	شعر لکھا کریں؟
136	ناصر کریم	منادی ہو!
136	ناصر کریم	Tapping At ...
138	دُونیا میخائل / وسیم احمد فدا	میں ہڑبڑی میں تھی
140	دُونیا میخائل / وسیم احمد فدا	سانتا کلاز
141	دُونیا میخائل / وسیم احمد فدا	ضمیر

142	حسین/نسترن فتحی	میں میاں ہوں
144	ضیا فاروقی	جھنجھلاہٹ
144	ضیا فاروقی	تو کیا یہ سمجھتے ہو!
146	شعیب کیانی	بے حیا
148	شعیب کیانی	مردانہ کمزوری
152	عارف اختر نقوی	بلیک ہول
154	سدرہ سحر عمران	مکوڑوں کے آخری خطوط
155	سدرہ سحر عمران	ڈیتھ سرٹیفکٹ پر لکھی ایک نظم
156	سدرہ سحر عمران	اپنی آستین زہر سے خالی کرو
156	سدرہ سحر عمران	شناختی کارڈ کا قتل
157	سدرہ سحر عمران	مسلمانو! تم پر خدا کی لعنت ہو
159	ارشد عبدالحمید	سنو!
160	ارشد عبدالحمید	تم نہیں مانتے
162	ارشد عبدالحمید	ابوالہول کا بیٹا
163	ارشد عبدالحمید	چھ دسمبر
164	ارشد عبدالحمید	منی! میں تیرا مجرم ہوں
166	ارشد عبدالحمید	بین السطور
169	بھچنگ ڈی سونم/فہمینہ علی	کب ہوا تھا میرا جنم؟
171	بھچنگ ڈی سونم/فہمینہ علی	انھیں ہڑپ لو
172	بھچنگ ڈی سونم/فہمینہ علی	جلاوطنی
173	بھچنگ ڈی سونم/فہمینہ علی	کہیں زیادہ
173	بھچنگ ڈی سونم/فہمینہ علی	سرخ
175	بھچنگ ڈی سونم/فہمینہ علی	دراچی قید تنہائی میں ایک ہزارواں دن
177	نجوان درویش/فہمینہ علی	ہم کبھی رکتے نہیں

بھاگو!	نجوان درویش/فہمینہ علی	178
اگر تم یہ جان سکو	نجوان درویش/فہمینہ علی	180
میں جو تصور نہیں کر سکتا	نجوان درویش/فہمینہ علی	180
تم جہاں بھی اپنا ہاتھ رکھو	نجوان درویش/فہمینہ علی	181
ایک شعری نشست میں	نجوان درویش/فہمینہ علی	181
آغوش	نجوان درویش/فہمینہ علی	182
تاخیری اعتراف	نجوان درویش/فہمینہ علی	182
جہنم میں	نجوان درویش/فہمینہ علی	183
محفوظ	نجوان درویش/فہمینہ علی	183
جال میں	نجوان درویش/فہمینہ علی	184
از قبیلہ ما نیست	نعمان شوق	185
کچھ نئی آوازیں پرانے قبرستان میں	نعمان شوق	186
مسخروں کے درمیان	نعمان شوق	187
لکشمن ریکھا	نعمان شوق	187
ہاں مسلمان = نہیں مسلمان	نعمان شوق	189
صرف نظم	نعمان شوق	189
مجھے کچھ کہنا ہے	فیلکس ڈیسوزا/اشعر نجمی	192
آپ، ہم اور ہمارے گیت	فیلکس ڈیسوزا/اشعر نجمی	195
چھ سات باتیں	فیلکس ڈیسوزا/اشعر نجمی	196
جنون	فیلکس ڈیسوزا/اشعر نجمی	199
ہماری زندگی کی قیمت صرف ایک مذمتی بیان	نسیم خان	202
محبت اور جنگ یونیورسلی پروپورشنل ہیں	نسیم خان	203
جبری گمشدگی	نسیم خان	204
جنگ اور مزید جنگ	نسیم خان	205

بلوچ	نسیم خان	207
مینی فیسٹو	ووبک آسری/ اشعر نجی	208
نظمیں وطن کے مفاد کے لیے نہیں ہوتیں	ووبک آسری/ اشعر نجی	209
سُکھ کا گرامر	ووبک آسری/ اشعر نجی	210
ایک سانحہ چاہیے	ووبک آسری/ اشعر نجی	210
بولو تا کہ تم پہچانے جاؤ	عبدالسمیع	212
کشف	عبدالسمیع	213
میرا قاتل	عبدالسمیع	214
وہم	عبدالسمیع	215
بلڈوزر	عبدالسمیع	216

کملا داس کی نظمیں

ترجمہ: اشعر نجمی

ملیالم بولنے والی کملا داس (31 مارچ 1934 - 31 مئی 2009) ہندوستانی انگریزی تحریر میں ایک دور کی نمائندگی کرتی ہیں۔ وہ اپنی سوانح عمری کے لیے خاص طور پر مشہور تھیں، اس وقت خواتین کی جنسیت پر ان کی بے باکی کو بے چین کر دینے والی تحریر سمجھا جاتا تھا۔

ان کے انگریزی میں شاعری کے گیارہ مجموعے شائع ہوئے اور انھیں 1984 میں ادب کے نوبل انعام کے لیے نامزد کیا گیا تھا۔ ملیالم میں، ہدایت کار کمل نے کملا داس کی زندگی پر 'عامی' نام سے ایک 'بائیوپک' بنائی ہے جس میں کملا داس کا کردار منجو واریر نے ادا کیا ہے۔

(1)

تعارف

میں سیاست نہیں سمجھتی مگر وہ نام جانتی ہوں جو اقتدار میں ہیں
ہفتہ اور مہینوں کے ناموں کی مانند انھیں دہرا سکتی ہوں
جو نہرو سے شروع ہوتے ہیں
میں ہندوستانی ہوں، سانولی جلد والی جس کا جنم مالابار میں ہوا
میں تین زبانیں بولتی ہوں، دو لکھ سکتی ہوں، ایک میں خواب دیکھتی ہوں
انھوں نے کہا انگریزی میں مت لکھو، انگریزی تمھاری مادری زبان نہیں
مجھے تنہا کیوں نہیں چھوڑ دیتے میرے نقادو، دوستو اور گھر آنے والے رشتے دارو، تم سب

مجھے اس زبان میں کہنے کیوں نہیں دیتے جو مجھے پسند ہے؟
جو زبان میں بولتی ہوں وہ میری ہو جاتی ہے
اس کی بدہیئتی اس کی ناہمواریاں سب میری ہیں سب میری

یہ نصف انگریزی ہے، نصف ہندوستانی، شاید عجیب، مگر یہ ایماندار ہے
وہ اتنی ہی انسانی ہے جتنی میں، تمھیں نظر نہیں آتا؟
یہ میری خوشی، تڑپ اور میری امیدوں کی آواز ہے
اور یہ میرے لیے اتنی ہی مفید ہے جیسے کووں کو کائیں کائیں یا شیروں کی دہاڑ

یہ انسانی زبان ہے، اس دل کی زبان جو یہاں ہے وہاں نہیں
وہ دل جو دیکھتا، سنتا اور سوچتا ہے، محتاط ہے، وہ طوفان کے وقت پیڑوں کی،
بارش کے بادلوں کی
یا بارش کی اندھی بہری زبان نہیں، نہ ہی جلتی چتاؤں کی بےتکی بڑبڑاہٹ
میں بچی تھی، پھر انھوں نے مجھ سے کہا میں بڑی ہو گئی ہوں
کیوں کہ میں لمبی ہو گئی تھی میرا جسم بھر گیا تھا اور دو ایک جگہ روئیں اُگ آئے تھے

(2)

جب میں نے پیار مانگا

اس نے سولہ برس کی جوانی کو بیڈروم کا راستہ دکھایا اور دروازہ بند کر دیا
اس نے مجھے پیٹا نہیں
مگر میرا اداس کرتا عورت کا جسم پٹا ہوا محسوس کرتا رہا
میرے پستانوں اور کوکھ کے بوجھ نے مجھے روند ڈالا
میں نفرت انگیز طور پر سکڑتی چلی گئی

تب میں نے ایک شرٹ پہنی اور اپنے بھائی کی پتلون
اپنے بال چھوٹے تراشے اور اپنے نسوانی احساس کو نظر انداز کر دیا
ساڑیاں پہنو، لڑکیوں کی طرح رہو، بیوی بنو، انھوں نے کہا

سلائی کڑھائی کرو، کھانا بناؤ، نوکروں کے ساتھ جھگڑو، کھانچے میں سماؤ
اوہ، جڑی رہو، کھانچے بنانے والے چیخے
دیوار پر مت بیٹھو اور جھالر لگی کھڑکیوں کے پردوں کے اندر مت جھانکو

ایمی بنو یا پھر کملا، سب سے اچھا مادھوی کٹّی بنو
یہ کوئی ایک نام چننے کا وقت ہے، ایک کردار چننے کا وقت
انجان ہونے کا ناٹک مت کرو

(3)

جنونی مت بنو اور زیادہ شہوانی بھی نہیں

محبت میں ٹھکرائے جانے پر بے شرمی سے اونچی آواز میں روؤ مت
میں ایک مرد سے ملی، اسے پیار کیا
اسے کسی نام سے مت پکارو، وہ ہر مرد کی طرح ہے
جو ایک عورت کو چاہتا ہے جیسے کہ میں وہ ہر عورت ہوں
جو پیار ڈھونڈتی ہے
اس میں ندیوں کی جلد باز اشتہا، مجھ میں سمندر کا اَن کہا انتظار
تم کون ہو، میں ہر ایک سے اور سبھی سے پوچھتی ہوں
جواب ہے، وہ میں ہوں کہیں بھی اور ہر کہیں
میں اسے دیکھتی ہوں جو اس دنیا میں خود کو میں کہتا ہے
جو اس دنیا میں میان میں قید تلوار کی طرح ہے، وہ میں ہوں جو بارہ بجے رات کو اجنبی شہروں کے ہوٹلوں میں تنہائی کے پیالے پیتی ہے، وہ میں ہوں جو ہنستی ہے، مباشرت کرتی ہے اور پھر شرمندہ ہوتی ہے، وہ میں ہو جو بستر مرگ پر پڑی رہتی ہے گلے میں خرخراہٹ لیے، میں پاپی ہوں، میں صوفی ہوں، میں دھوکا دی گئی ہوں، میری کوئی خوشی نہیں جو تمھاری نہیں، کوئی غم نہیں جو تمھارا نہیں
میں بھی خود کو میں پکارتی ہوں!

(4)

لفظ

میرے چاروں طرف لفظ، لفظ اور لفظ ہیں
وہ مجھ پر پتّوں کی طرح اُگتے ہیں
یوں لگتا ہے وہ کبھی میرے اندر رفتہ رفتہ اُگنا بند نہیں کرتے
مگر میں خود سے کہتی ہوں، لفظ
وہ ایک مصیبت ہیں، ان سے محتاط رہو، وہ
کئی چیزیں ہو سکتے ہیں، جیسے کہ کھائی
جہاں تیز رفتار قدموں کو ٹھہرنا چاہیے
دیکھو، وہ سمندر کی اپاہج بنانے والے لہریں ہو سکتی ہیں
گرم ہواؤں کا زلزلہ یا تمھارے سب سے اچھے دوست کا گلا
کاٹنے کو بے ڈھنگا چاقو
لفظ رکاوٹ ہیں
مگر وہ مجھ پر اس طرح اُگتے ہیں جیسے پیڑوں کے پتّے
لگتا ہے وہ کبھی اُگنا بند نہیں کرتے
گہرے میرے اندر، ایک خاموشی سے۔

(5)

کیڑے

غروب آفتاب کے وقت، ندی کنارے، کرشن نے
اس سے آخری بار پیار کیا اور چلے گئے

اس رات اپنے شوہر کی بانہوں میں رادھا
اتنی ساکت تھی کہ اس کے شوہر نے پوچھا کیا بات ہے؟
تمھیں میرے بوسے برے لگ رہے جانِ من؟ اور اس نے کہا
نہیں، بالکل نہیں، مگر سوچا، مردہ جسم کو
کیا فرق پڑتا ہے اگر کیڑے منھ ماریں

(6)

دوپہر تین بجے

صرف نیند میں ہی وہ
اپنا ننھے لڑکے والی تنہائی دکھاتا تھا
جس سے میں ایک دوپہر یکا یک ملی
اور اسے جگانے کی ہمت نہ کر پائی
حالاں کہ ہمارے رشتے کا وقت محدود تھا ان دنوں
میں بیٹھی اُدھیڑ بن میں اسے دیکھتی رہی
خوابوں کی کن پیچیدہ گلیوں میں وہ گھوم رہا تھا
وہ معصوم، اپنی آرزو میں کتنا گمراہ

(7)

آئینہ

ایک مرد سے خود کو پیار کروانا کتنا آسان ہے
صرف اپنی نسوانی خواہشات کے بارے میں ایماندار ہو جاؤ
آئینے کے سامنے اس کے ساتھ برہنہ کھڑی رہو
تا کہ وہ خود کو زیادہ طاقتور محسوس کر سکے اور اس پر یقین کرے اور تمھیں زیادہ کومل،
جوان اور خوب صورت دیکھ پائے
اپنی تعریف قبول کرو
اس کے اعضا کے سڈول پن پر دھیان دو، جھرنے کے نیچے اس کی سرخ آنکھیں، باتھ روم کے فرش
پر اس کی بجیلی چال، گرتے تولیے اور پیشاب کے بعد اس کا ہلکے سے جھٹکنا
وہ ساری تفصیلات، جو اسے مرد، تمھارا اکلوتا مرد بناتی ہے
اسے سب کچھ دو
وہ سب کچھ جو تمھیں عورت بناتی ہے
لمبی زلفوں کی خوشبو، پستانوں کے درمیان بہتے پسینے کی مہک

ماہواری کے گرم خون کی حیرانی اور تمھاری لامحدود نسوانی بھوک
اوہ ہاں، ایک مرد سے خود کو پیار کروانا آسان ہے
مگر اس کے بعد اس کے بغیر جینا قبول کرنا ہوتا ہے
زندگی کے بغیر زندگی جب تم بھٹکتے ہو، اجنبیوں سے ملتے ہوئے، اپنی آنکھوں کے ساتھ جن میں کوئی تلاش نہیں
ان کانوں کے ساتھ جنھوں نے اسے آخری بار تمھارا نام پکارتے سنا اور اس جسم کے ساتھ جو کبھی اس کے لمس تلے پیتل سا دمکتا تھا

جواب بے جان اور محتاج ہے

(8)
پرانا کھلونا گھر

تم نے ابابیل کو پالتو بنانے کا ارادہ کیا
اپنی محبت کی طویل گرمیوں میں گرفت رکھنے کے لیے
تاکہ وہ نہ صرف اُن گڑھ موسموں کو، اس گھر کو جو وہ پیچھے چھوڑ آئی ہے، بلکہ اپنے مزاج کو،
اڑان کی آرزو اور آسمان کی لامحدود پگڈنڈیوں کو بھی فراموش کر جائے
ایک اور مرد کے بارے جاننے میں تم تک نہیں آئی تھی
بلکہ یہ جاننے میں کہ میں کیا تھی اور یہ جان کر کھِل اٹھنے کے لیے آئی تھی
مگر تم نے مجھے جو سکھایا وہ تمھارے بارے میں تھا تم میرے جسم کے جواب سے،
اس کے موسموں سے، اس کی معمولی سی اینٹھن سے خوش ہوئے اور میرے منھ سے لار ٹپک پڑا
تم نے خود کو میرے جسم کے ہر حصے میں بہا دیا
تم نے میری معمولی سی اشتہا کو اپنے کڑوے میٹھے رَس سے تر کر دیا، تم نے مجھے بیوی کہا
میں نے تمھاری چائے میں سیکرین ملانا سیکھا اور صحیح وقت پر تمھیں وٹامن دینا بھی،
تمھاری عظیم انا کے روبرو بزدل ہوتے ہوتے ہوئے میں نے جادئی روٹی کا ایک ٹکڑا چکھا اور بونی ہوگئی
میں اپنی خواہش اور وجہ بھول گئی
تمھارے سبھی سوالوں کے جواب میں نے قاطع بڑبڑاہٹ سے دیے
گرمیاں سست ہونے لگیں، مجھے خزاں کی وہ سوکھی ہوائیں یاد ہیں

اور سوکھے پتّوں کے جلنے کا دھواں بھی
تمھارا کمرہ ہمیشہ بناوٹی روشنی سے چمکتا ہے
تمھاری کھڑکیاں ہمیشہ بند، ائیر کنڈیشنر بھی کتنی کم مدد کرتا ہے
ہر طرف تمھاری سانسوں کی مردانہ بُو، گل دان کے کٹے پھول انسانی پسینے کی مہک سے
تر بتر ہے
کہیں موسیقی نہیں، کہیں کوئی رقص نہیں، میرا دماغ ایک پرانا کھلونا گھر ہے جس کی سبھی
روشنیاں گُل ہیں
طاقتور انسان کی ترکیب ہمیشہ ایک جیسی ہوتی ہے
وہ اپنا پیار ہمیشہ مہلک انداز میں دیتا ہے
کہ پیار پانی کے کنارے خود سے خوفزدہ تنہا ملعون بھوت ہے
جسے بغیر کوئی چُوک کیے بالآخر پوری آزادی سے اپنا انجام خود تلاش کرنا پڑتا ہے
ان شیشوں کو توڑنے کا ارادہ کرنا ہوتا ہے
رحم دل رات جس کے پانی کو پونچھ دے گی

[بشکریہ 'سمالوچن'، 6 جون 2019]

ہمیں بہت سارے پھول چاہئیں

افضال احمد سید

ہمیں بہت سارے پھول چاہئیں
مارے جانے والے لوگوں کے قدموں میں رکھنے کے لیے
ہمیں بہت سارے پھول چاہئیں
بوریوں میں پائی جانے والی لاشوں کے چہرے ڈھانکنے کے لیے
ایک پوری سالانہ پھولوں کی نمائش
ایدھی سرد خانے میں محفوظ کر لینی چاہیے
نامزد مرنے والوں کی
پولیس قبرستان میں کھدی قبروں کے پاس رکھنے کے لیے
خوبصورت بالکنی میں اُگنے والے پھولوں کا ایک گچھا چاہیے
بس اسٹاپ کے سامنے
گولی لگ کر مرنے والی عورت کے لیے
آسمانی نیلے پھول چاہئیں
یلو کیب میں ہمیشہ کی نیند سوئے ہوئے دونو جوانوں کو
گدگدانے کے لیے
ہمیں خشک پھول چاہئیں
مسخ کیے ہوئے جسم کو سجا کر
اصلی صورت میں لانے کے لیے
ہمیں بہت سارے پھول چاہئیں
اُن زخمیوں کے لیے
جو ان اسپتالوں میں پڑے ہیں

جہاں جاپانی یا کسی اور طرح کے راک گارڈنز نہیں ہیں
ہمیں بہت سارے پھول چاہئیں
کیونکہ ان میں سے آدھے مر جائیں گے
ہمیں رات میں کھلنے والے پھولوں کا ایک جنگل چاہیے
ان لوگوں کے لیے
جو فائرنگ کے وجہ سے نہیں سو سکے
ہمیں بہت سارے پھول چاہئیں
بہت سارے افسردہ لوگوں کے لیے
ہمیں گم نام پھول چاہئیں
بے ستر کی گئی ایک لڑکی کو ڈھانپنے کے لیے
ہمیں بہت سارے پھول چاہئیں
ہمیں بہت سارے پھول چاہئیں
بہت ساری رقص کرتی بیلوں پر لگے
جن سے ہم اس پورے شہر کو چھپانے کی کوشش کر سکیں

اگر انھیں معلوم ہو جائے

افضال احمد سید

وہ زندگی کو ڈراتے ہیں
موت کو رشوت دیتے ہیں
اور اس کی آنکھ پر پٹی باندھ دیتے ہیں
وہ ہمیں تحفے میں خنجر بھیجتے ہیں
اور امید رکھتے ہیں
ہم خود کو ہلاک کر لیں گے
وہ چڑیا گھر میں
شیر کے پنجرے کی جالی کو کمزور رکھتے ہیں

اور جب ہم وہاں سیر کرنے جاتے ہیں
اس دن وہ شیر کا راتب بند کر دیتے ہیں
جب چاند ٹوٹا پھوٹا نہیں ہوتا
وہ ہمیں ایک جزیرے کی سیر کو بلاتے ہیں
جہاں نہ مارے جانے کی ضمانت کا کاغذ
وہ کشتی میں اِدھر اُدھر کر دیتے ہیں
اگر انھیں معلوم ہو جائے
وہ اچھے قاتل نہیں
تو وہ کانپنے لگیں
اور ان کی نوکریاں چھن جائیں
وہ ہمارے مارے جانے کا خواب دیکھتے ہیں
اور تعبیر کی کتابوں کو جلا دیتے ہیں
وہ ہمارے نام کی قبر کھودتے ہیں
اور اس میں لوٹ کا مال چھپا دیتے ہیں
اگر انھیں معلوم بھی ہو جائے
کہ ہمیں کیسے مارا جا سکتا ہے
پھر بھی وہ ہمیں نہیں مار سکتے

میں مار دیا جاؤں گا

افضال احمد سید

افسوس کہ
بہت سا وقت
ان ہاتھوں کو ہموار بنانے میں ضائع ہو گیا
جو ایک دن میرا گلا گھونٹ دیں گے

ژاں ژینے کی بالکنی کے نیچے
موسیقی فروش
اور کباب بھوننے والے
مجھے بتاتے ہیں
مجھے ایک دن کھڑا کر کے مار دیا جائے گا
میری قبر بے شناخت رہ جائے گی

اسی عمارت کی پہلی منزل پر
دانتے کا جہنم ہے
اور اس سے اگلی منزل پر خدا کا
مگر میرے ساتھ ایک دریا ہے
جس کو ابھی سیڑھیوں پر چڑھنا نہیں آتا

مجھے سؤروں کے باڑے میں سلا دیا گیا
جب کہ جس معاوضے پر
میزبان مجھے اپنی بیوی کے بستر پر سلا دیتا
وہ میری جیب میں موجود تھا

افسوس کہ
میری نیندیں
میری راتوں پر ضائع ہو گئیں
افسوس کہ
میں نے جان ڈن کے گرتے ہوئے ستارے کو پکڑ لیا
افسوس کہ
افسوس کرنے میں بہت سا وقت ضائع ہو گیا
اتنا وقت کہ
اینٹوں سے ایک مکان بنایا جا سکتا تھا
نظموں سے ایک مجموعہ چھاپا جا سکتا تھا

ایک عورت سے ایک بچہ پیدا کیا جا سکتا تھا

افسوس کہ
میرا بچہ
ایک عورت کے بطن میں ضائع ہو گیا
جب کہ مجھے مارا جانا چاہیے تھا
جب کہ

جلد یا بدیر
میں مار دیا جاؤں گا
میں مار دیا جاؤں گا
جیسے کہ تا دیوش روزے وچ کی نظموں کے
کرداروں کو مار دیا جاتا ہے

زندہ رہنا ایک میکانیکی اذیت ہے

افضال احمد سید

زندہ رہنا ایک میکانیکی اذیت ہے
ہم سمجھ سکتے ہیں
اپنی شرم گاہوں کو گہرا کاٹ کر
مر جانے والی لڑکیاں
کیوں کوئی الوداعی خط نہیں چھوڑتیں
اور بچوں کی ہڈیاں
کیسے
درخت کی سبز ٹہنی کی طرح مڑ جاتی ہیں

یہ درخت پاکستان میں ہر جگہ پایا جاتا ہے

ہم جانتے ہیں
ضیافت کی کس میز پر
سیبوں کو ہمارے ملک کے پرچم سے چمکایا جا رہا ہے
مگر
گواہ چار قسم کے ہوتے ہیں
اور فیصلہ ہمیشہ صاف حرفوں میں لکھا جاتا ہے
ہم اس لڑکی کی طرح نہیں
جو رضامندی دینے کا مطلب نہیں سمجھتی
اور ملکہ کی کالی بریزییئرز
اور تین ہزار جوتیوں کو
چومنے سے متنفر ہے

ہمیں دیا گیا زہر
ہمارے جسم سے آنسوؤں کے ذریعے خارج نہیں ہوگا

وینیشین بلائنڈ سے جھانک کر
ہم دیکھ سکتے ہیں
آبی بھیڑیے کس طرح
ہماری عورتوں کو حاملہ کر رہے ہیں
اور ہماری مساواتیں
کہاں حل ہو رہی ہیں

پھر بھی ہماری ذمہ داری ہے
اس شخص کو
جو اپنی انگلیوں کے سروں سے
نظر نہ آنے والے دھاگے نکالنے کی کوشش کر رہا ہے
بتا دیں
زندہ رہنا ایک تصوراتی اذیت بھی ہے

جلاوطن ہونے سے پہلے

عذرا عباس

اس خبر کے آنے کے بعد
میں اپنے گھر کی کھڑکیاں
بند کرتی ہوں
بجلی کے تار سوئچ آف کر دیتی ہوں
فریج میں رکھا کھانا
پڑوس میں دے دیتی ہوں
بچا ہوا دودھ گلی کی بلی کے آگے
ڈال دیتی ہوں
اور ایک گلاس ٹھنڈا پانی پیتی ہوں
تمام دروازے لاک کر کے
سڑک پر نکل جاتی ہوں
دوپہر سے پہلے
یا رات کے کسی پہر
سرکاری گاڑی میں
سرکاری مردہ خانے میں
مجھے باقی جلاوطنوں کے ساتھ
پھینک دیا جائے گا
اور ایک خبر چھپے گی
ملزمہ فلاں بنت فلاں کے گھر
پرانے صندوق میں

پرانے کپڑوں کی تہوں میں
بہت سی نظمیں
قابل اعتراض حالت میں پائی گئیں

سر کٹے

عذرا عباس

ہمارے اختیارات غصب کر لیے گئے ہیں
ان سر کٹے بدن والوں نے
انھوں نے بڑی دلجمعی سے
اپنے سر اپنے اپنے دھڑ سے الگ کر والیے
تا کہ وہ پہچانے نہ جائیں
انھوں نے ہمیں منڈیروں پر بٹھا دیا ہے
تا کہ
جب ہوا تیز چلے تو ہم دوسری طرف بنی کھائی میں گر پڑیں
کبھی نہ اٹھنے کے لیے
وہ سمجھتے ہیں
وہ پہچانے نہیں جائیں گے
ایسا بھلا ہو سکتا ہے
مرنے سے پہلے ہم ان کے سر ڈھونڈ نکالیں گے
اور جب وہ ہوائیں چلیں گی
جو ہمارا ساتھ دیں گی
ہم ان کے سروں کو ان کے سامنے کچلیں گے
ورنہ ایک ترازو ہے
جس میں ایک طرف ان کے سر ہوں گے
اور ایک طرف ہم سب
موافق ہوا شاید ہمارا ساتھ دے

وقت کے مچان پر

عذرا عباس

ہم وقت کے مچان پر بیٹھے ہیں
شاید بس ڈرتے ہیں
کہیں وہ ہمیں دھکا نہ دے دے
ہم نے مچان کے کونے کو اپنے ہاتھوں سے
تھاما ہوا ہے
وقت ہنستا ہے اپنا منھ چھپا کر
ہماری بزدلی پر
اور موت جس سے ڈر کر ہم مچان پر چڑھ گئے تھے
جو سرخ ڈوپٹہ اوڑھے پیٹھ پیچھے کھڑی ہے
وہ وقت کی دوستی پر نازاں ہے
وہ جانتی ہے
وقت اس کے اشارے پر
ہمیں دھکا دے دے گا
اور ہم جو وقت کے مچان پر بیٹھے
سوچ رہے ہیں
ہم تو بچے ہوئے ہیں

ہم گنہ گار عورتیں

کشور ناہید

یہ ہم گنہ گار عورتیں ہیں
جو اہلِ جبہ کی تمکنت سے نہ رعب کھائیں
نہ جان بیچیں
نہ سر جھکائیں
نہ ہاتھ جوڑیں
یہ ہم گنہ گار عورتیں ہیں
کہ جن کے جسموں کی فصل بیچیں جو لوگ
وہ سرفراز ٹھہریں
نیابت امتیاز ٹھہریں
وہ داورِ اہلِ ساز ٹھہریں
یہ ہم گنہ گار عورتیں ہیں
کہ سچ کا پرچم اٹھا کے نکلیں
تو جھوٹ سے شاہراہیں اٹی ملے ہیں
ہر ایک دہلیز پہ سزاؤں کی داستانیں رکھی ملے ہیں
جو بول سکتی تھیں وہ زبانیں کٹی ملے ہیں
یہ ہم گنہ گار عورتیں ہیں
کہ اب تعاقب میں رات بھی آئے
تو یہ آنکھیں نہیں بجھیں گی
کہ اب جو دیوار گر چکی ہے
اسے اٹھانے کی ضد نہ کرنا!

یہ ہم گنہ گار عورتیں ہیں
جو اہل جبہ کی تمکنت سے نہ رعب کھائیں
نہ جان بیچیں
نہ سر جھکائیں نہ ہاتھ جوڑیں!

ایک نظم اجازتوں کے لیے

کشور ناہید

تم مجھے پہن سکتے ہو
کہ میں نے اپنے آپ کو
دھلے ہوئے کپڑے کی طرح
کئی دفعہ نچوڑا ہے
کئی دفعہ سکھایا ہے
تم مجھے چبا سکتے ہو
کہ میں چوسنے والی گولی کی طرح
اپنی مٹھاس کی تہہ گھلا چکی ہوں
تم مجھے رلا سکتے ہو
کہ میں نے اپنے آپ کو قتل کر کے
اپنے خون کو پانی پانی کر کے
آنکھوں میں جھیل بنالی ہے
تم مجھے بھون سکتے ہو
کہ میری بوٹی بوٹی
تڑپ تڑپ کر
زندگی کی ہر سانس کو
الوداع کہہ چکی ہے
تم مجھے مسل سکتے ہو

کہ روٹی سوکھنے سے پہلے
خستہ ہو کر بھر بھری ہو جاتی ہے
تم مجھے تعویذ کی طرح
گھول کر پی جاؤ
تو میں کلیساؤں میں بجتی گھنٹیوں میں
اسی طرح طلوع ہوتی رہوں گی
جیسے گل آفتاب

ہم دہشت گردی کے ملزم

نزار قبانی

ترجمہ: انور سن رائے

ہم پر دہشت گردی کا الزام ہے
اگر ہم ہمت کریں تو ایسے ملک کے بارے میں لکھ سکتے ہیں جو ٹکڑے ٹکڑے ہو کر بکھر چکا ہے
خود اپنے لیے بھی کوئی جگہ تلاش کر رہا ہے
یا ایک قوم جو بے چہرہ ہو چکی ہے

ایک ملک جس کے پاس قدیم الہام تو نہ ہو
لیکن مرثیہ اور قصیدہ ہو
ایک ملک جس کے افق پر کچھ دکھائی نہ دے
نہ تو کوئی آزادی نہ ہی کوئی نظریہ
ایک ملک جس میں پرندوں کو بھی گانے کے لیے درخواستیں دینی پڑتی ہیں
جو کم کم منظور ہوتی ہیں
ایک ملک جس میں لکھنے والے دہشت کے باعث ایسی سیاہی سے لکھتے ہیں جو دکھائی نہیں دیتی
ایک ملک جس کا حال مقبول عام شاعری جیسا ہو گیا
ایک ملک جو مذاکرات کی میز سے عزت اور جوتوں کے بغیر اٹھا دیا جاتا ہے
ملک جس کے پاس ثابت قدم مرد نہیں صرف ایک عورت ہوتی ہے
ہمارے دہانے تلخی سے بھر گئے ہیں
ہماری آنکھوں نے بولنا بند کر دیا ہے
ابتدا ہی سے ہماری روحوں کی وراثت طاعون ہے

اس کی قوم کا کوئی نہیں بچا
چھوٹی موٹی عزت والا بھی نہیں
کوئی نہیں جو کہہ سکے: نہیں،
ان کے منھ پر جنھوں نے سب کچھ دے دیا ہو
جس کی تاریخ کو مسخروں کا سرکس بنا دیا گیا ہو

جس کے پاس ایک نظم تک نہ ہو
جس کا کنوارپن حاکموں کے حرم کی زینت نہ بنا ہو
جس کے لوگ توہین اور ہزیمت کا نشہ کرتے ہوں
اور اس نشہ سے سرشار رہتے ہوں
اس کے بعد کیا رہ جاتا ہے
میں نے تاریخوں کو چھان مارا
تا کہ ان عظیم لوگوں کو پہچان سکوں
جو لوگوں کو تاریکیوں سے نکالتے ہیں
جو عورتوں کو بربریت کی بھٹیوں سے بچاتے ہیں

میں نے کل کے لیے لوگوں کو تلاش کیا
لیکن مجھے بلیوں کے سوا کچھ نہیں ملا
جو چوہوں کی حکمرانی سے
اپنی روحوں کو بچانے کے لیے
چھپتی پھر رہی تھیں

کیا کرے گا وہ ملک جس میں قومی اندھاپن پھیل جائے
جس کے لوگوں کو رنگ دکھائی دینے بند ہو جائیں

ہم پر دہشت گردی کا الزام ہے
ہم نے اپنے اتحاد کے بخیے ادھیڑتے
اسرائیلی استبداد کے ہاتھوں

مٹنے سے انکار کیا ہے
ہماری تاریخ ہے
ہمارے بائبل اور قرآن ہیں
ہمارے نبی ہیں اور زمین ہے
اگر یہ ہے ہمارا گناہ اور جرم
تو پھر دہشت گردی کا الزام ہی ٹھیک ہے

ہم پر دہشت گردی کا الزام ہے
کیوں کہ ہم وحشیوں، منگولوں اور یہودیوں کے سامنے
نابود ہونے سے انکار کرتے ہیں
اس لیے کہ ہم ڈھکوسلہ سکیورٹی کونسل کو پتھراؤ کے قابل سمجھتے ہیں
جسے سیزروں کا بادشاہ برطرف کر دیتا ہے
ہم پر دہشت گردی کا الزام ہے
اس لیے کہ ہم مذاکرات کی میز پر بھیڑیے کے ساتھ بیٹھنے سے انکار کرتے ہیں
اور ایک جسم بیچنے والی کے لیے باہر نکل آتے ہیں

امریکہ ثقافت کے خلاف جنگ لڑ رہا ہے
اس لیے کہ اس کے پاس ثقافت نہیں
امریکہ تہذیبوں کے خلاف جنگ کر رہا ہے
اس لیے کہ اسے ایک تہذیب درکار ہے
یہ وہ قوی ہیکل عمارت ہے جس میں کوئی دیوار نہیں ہے

ہم پر دہشت گردی کا الزام ہے
اس لیے کہ ہم اس وقت سے انکار کرتے ہیں
جس میں متکبر، امیر وخداوند امریکہ
عبرانی کا حلف یافتہ ترجمان بنا بیٹھا ہے

ایک احمق عورت کا خط

(ایک مرد کو لکھا گیا)

نزار قبانی

ترجمہ: انور سن رائے

(1)

میرے پیارے مالک
یہ خط ایک احمق عورت نے لکھا ہے
کیا وہ احمق میرے سامنے ہے جو یہ خط لکھ رہی ہے؟
میرا نام؟ ناموں میں کیا رکھا ہے
رائنا یا زینب
یا ہند یا حیفہ
نام ہی تو ہوتے ہیں میرے مالک
حماقت سے بھرا وہ جسے ہم خوشی خوشی لا دے پھرتی ہیں

(2)

کیسے کیسے خیالات آ رہے ہیں
کہ بتاتے ہوئے ڈر لگ رہا ہے
میرے مالک
مجھے ڈر لگ رہا ہے کہ اگر میں نے سب کچھ کہہ دیا
اگر میں نے کہا
کہ مشرق میں آسمان جل رہا ہے میرے پیارے مالک

ضبط کر لے یہ سارے نیلے الفاظ
ضبط کر لے عورتوں کے سارے خواب
جوان کے جذبات پر حکمرانی کرنے لگے
چھریاں اور چا پڑ

استعمال کرتے ہیں جو
عورت سے بات کرنے کے لیے
مار ڈالتے ہیں بہادر اور جذبوں کو
کاٹ ڈالتے ہیں سارے سیاہ گھونگر
اور تیرا مشرق میرے آقا
اپنا رفیع الشان تاج بنایا ہے جس نے
عورتوں کی کھوپڑیوں سے

(3)

اگر میری تحریر اچھی نہیں، میرے مالک
تو مجھ پر تنقید مت کر
میں لکھ رہی ہوں اور تلوار دروازے کے پیچھے ہے
کمرے کے باہر ہوا چنگھاڑ رہی ہے اور کتے بھونک رہے ہیں
میرے آقا!
دروازے کے پیچھے عنترۃ العبسی ہے
اگر اس نے میرا خط دیکھ لیا تو کاٹ ڈالے گا مجھے
سر ہی اُڑا دے گا میرا
اگر اس نے میرا خط دیکھ لیا
تو وہ میری گردن ہی مار دے گا
اگر میں نے اپنے عذاب بیان کیے
اگر اس نے میرا شفاف لباس دیکھ لیا
تو وہ میرا سر اُڑا دے گا
تیرا، مشرق، میرے پیارے مالک
عورتوں کو انّیوں سے محروم کرتا ہے
مردوں کو پیغمبروں کے لیے چنتا ہے
اور عورتوں کو زمین میں دفن کر دیتا ہے

(4)

برہم مت ہو
ان سطروں پر، میرے پیارے آقا
اگر میں نے شکایتوں میں صدیوں سے حائل رکاوٹوں کو توڑ ڈالا ہے
برہم مت ہو
اگر میں نے اپنے ضمیر پر لگی مہر توڑ دی ہے
اگر میں حرم کے تہہ خانوں سے بھاگ نکلی ہوں
اگر میں نے بغاوت کر دی ہے اپنی موت سے
اپنی قبر سے، اپنی جڑوں سے
اور اس بڑے مذبح خانے سے

مجھ پر برہم مت ہو میرے مالک
اگر میں نے جذبات ظاہر کر دیے ہیں
مشرقی مردوں کا جذبات کی شاعری سے کوئی تعلق نہیں
گستاخی کی معافی
لیکن مشرقی مرد کچھ نہیں سمجھتے عورت کو
بستر کے سوا

(5)

مجھے معاف کرنا میرے آقا!
اگر مجھ سے مردوں کی سلطنت پر حملے کی گستاخی ہوگئی ہے
عظیم تر ادب کے لیے اور بے شک
عظیم تر ادب تو مردوں ہی کا ہے
اور محبت کی الائٹمنٹ بھی ہمیشہ
مردوں ہی کے نام ہوتی ہے
اور سیکس بھی ہمیشہ سے وہ دوا ہے
جو مردوں ہی کو بیچی جاتی ہے

اور ہمارے ملکوں میں عورتوں کی آزادی کی یہ قدیم خیالی داستان
آزادی تو ہوتی ہی نہیں
سوائے مردوں کی آزادی کے

میرے مالک کہہ دے
جو بھی تو چاہتا ہے، مجھے کوئی فرق نہیں پڑتا
اُتھلی، احمق، پاگل، سادہ دماغ
اب جو مجھے کوئی پریشانی نہیں
جو کوئی بھی لکھے اور جیسے بھی لکھے اپنی پریشانی
مردوں کی منطق کی انتہا تو یہی کہنے پر ہوگی
احمق عورت
اور کیا میں نے شروع ہی میں نہیں کہہ دیا
کہ میں ہوں احمق، ایک عورت

قانا کے چہرے

نزار قبانی

ترجمہ: انور سن رائے

(1)

قانا کا چہرہ ایسا زرد ہے
جیسے عیسیٰ کا چہرہ ہو
جیسے اپریل کی سمندری ہوا ہو
جیسے بارش ہو آنسوؤں کی اور خون کی

(2)

وہ ہماری جلی ہوئی لاشوں پر چلتے ہوئے قانا میں داخل ہوئے
جنوب کی سرزمین پر نازی پرچم لہرانے کے لیے

جیسے مرگ انبوہ کی یاد تازہ کررہے ہوں
انھیں تو گیس چیمبروں میں ہٹلر نے جلایا
اور وہ آئے ہیں ہمیں جلانے
انھیں مشرقی یورپ سے ٹھوکریں مار کر ہٹلر نے نکالا
اور وہ آئے ہیں اسی طرح ٹھوکریں مار کر ہمیں نکالنے
ان زمینوں سے نکالنے جو ہماری ہیں

(3)

وہ قانا میں ایسے داخل ہوئے
جیسے بھوکے بھیڑیے داخل ہوتے
انھوں نے عیسیٰ کے گھر کو نذر آتش کیا
حسین کے لباس کو روند ڈالا
جنوب کی زمین زمین کو روند ڈالا

(4)

انھوں نے گندم، تمبا کو اور زیتون کے درختوں کو راکھ کردیا
اور بلبلوں کے گیت کو آگ لگادی
انھوں نے قدموس کی کشتی پر گولے برسائے
سمندر اور مرغابیوں پر گولہ باری کی
ان کی گولہ باری نے ہسپتالوں کو بھی نشانہ بنایا
نرسوں اور تیمارداری کرتی ماؤں کو بھی نہیں بخشا
اسکول کے بچوں پر
اور جنوبی عورتوں کے حسن کو بھی تاک تاک کر نشانہ بنایا
انھوں نے باغوں کو قتل کیا اور شہد جیسی آنکھوں کو

(5)

ہم نے علی کی آنکھوں کو اشک بار دیکھا
ہم نے اس وقت اس کی آواز سنی جب آسمان سے خون کی بارش ہو رہی تھی

اور وہ دعا مانگ رہا تھا

(6)

جو کوئی بھی قانا کی تاریخ کے بارے میں لکھے گا
کسی بھی طرح یہ لکھے بغیر نہیں رہے گا
قانا کربلائے ثانی تھا

(7)

قانا نے وہ سب افشا کر دیا جو چھپا ہوا تھا
ہم نے امریکہ کو دیکھا
وہ ایک یہودی ربائی کا کوٹ پہنے تھا
اور قتل عام کی نگرانی کر رہا تھا
ہمارے بچوں کو مار رہا ہے بلا وجہ
ہماری بیویوں کو مار رہا ہے بلا وجہ
ہمارے درختوں کو کاٹ رہا ہے بلا وجہ
ہمارے خیالات کو قتل کر رہا ہے بلا وجہ
کیا یہ بھی تیرے آئین کا حصہ ہے داشتۂ عام؟
کیا یہ کہیں عبرانی میں لکھا ہے کہ عربوں کو نیچا دکھایا جائے
کیا یہ بھی امریکی دستور ہی کا حصہ ہے
جسے بھی صدارتی انتخاب جیتنا اور وہائٹ ہاؤس میں رہنا ہوگا
اسے ہم تمام عربوں کو قتل کرنا ہی ہوگا

(8)

ہم نے ایک عرب کی آمد کا انتظار کیا
جو آئے گا اور ہماری گردن سے کانٹوں کے بوق اُتار پھینکے گا
ہم نے ایک قریش کا انتظار کیا
ہم نے ایک ہاشمی کا انتظار کیا
ایک ڈان کہوٹے کا

ہم نے ایک مقامی سورما کا انتظار کیا جس کی یہ موچھیں نہ مونڈ سکیں
ہم نے ایک خالد کا، ایک طارق کا، ایک عنترہ
ہم لا حاصل قصوں میں لگے رہے اور انھیں شراب سمجھ کر پیتے رہے
انھوں نے ایک فیکس بھیجا
ہم نے اس کا متن پڑھا
انھوں نے ہمیں خراج پیش کیا تھا
اور ایک اور قتل عام کی پیشکش کی تھی

(9)

اسرائیل ہماری چیخوں سے کیا ڈرے گا
کیا ڈرے گا وہ ہمارے ڈھول پیٹنے سے
جہادوں میں سب سے کمزور جہاد ہے فیکس جہاد
اس کی ایک واحد عبارت ہے جو ہم بار بار لکھتے ہیں
ان سارے شہیدوں کے لیے جو جا چکے ہیں
اور ان سب کے لیے جو آنے والے ہیں

(10)

کیوں ڈرے گا اسرائیل ابن المقفع سے
جریر سے، اور الفرزدق سے؟
اور قبرستان کے دروازے پر پھینکی جانے والی الخنسا کی نظموں سے
کیا ڈر لگے گا اسے اگر ہم روزانہ بھی ٹائر جلاتے رہیں گے
اعلامیوں پر دستخط کرتے رہیں گے
دکانوں کا تباہ کرتے رہیں گے
اسے پتہ ہے ہم کبھی بھی جنگوں کے بادشاہ نہیں تھے
ہاں ہم بک بک کے بادشاہ ضرور تھے

(11)

کس لیے ڈرے گا

اسرائیل ڈھول پیٹنے سے
تمھارے گریبان چاک کرنے سے
اپنے ناخنوں سے اپنے ہی منھ نوچنے سے
کیوں ڈرے گا وہ جو سنے گا
عادوثمود کے قصے

(12)

ہم قومی بے ہوشی میں
جب مفتوح ہوئے ہیں
ہمیں ایک خط تک نہیں لکھا گیا

(13)

ہم آٹے کے پتلے ہیں
جیسے جیسے اسرائیل ہلاکتیں اور دہشت گردی بڑھائے گا
توں توں ہماری سردمہری اور لاتعلقی بڑھتی جائے گی

(14)

وطن تیزی سے سمٹتا جارہا ہے
زبان تیزی سے بگڑتی جارہی ہے
موسم گرما کے درختوں پر صرف خزاں کی بہار ہے
اور جب بھی حملہ ہوتا ہے
سرحدیں اپنی جگہ چھوڑ کر کہیں اور چلی جاتی ہیں

(15)

اسرائیل کو ہمارا قتل عام کرنا چاہیے، اور کیوں نہ کرے؟
اسے ہاشمیوں، زیادیوں اور الرشیدیوں کو مٹا دینا چاہیے، اور کیوں نہ مٹائے؟
کیوں نہ فنا کرے بنو تغلب کو جنھیں عورتوں پر مرمٹنے سے ہی فرصت نہیں
کیوں نہ نام ونشان مٹا دے بنو ماذنوں کا جنھیں لونڈوں کے سوا کچھ دِکھتا
اور بنو ہاشم جو اپنی پتلونیں اُتارے گھٹنوں تلے جھکے ہوئے ہیں

منو

جینت پرمار

ایک نہ اک دن
گھر کے آگے
نیم کی شاخ پہ
ننگا کر کے
لٹکا دوں گا تجھ کو منو!
تیری رگوں کو چیر پھاڑ دیکھوں گا
تُو نے پیا ہے کتنا لہو
میرے بزرگوں کا!

ایک نہ اک دن
تیری کھال اُدھیڑوں گا
ہمیں تو صرف
براہمن، کھشتریہ اور ویشیہ کی
سیوا کرنا تُو نے لکھا تھا
چمار، بھنگی اور چانڈال کی تُو نے لکھی تقدیر

گاؤں کے باہر رہنا اور
ٹوٹے برتن میں کھانا
یہاں کا بھینسا بھی پنڈت
گدھا بھی گنگا جل پیتا ہے

لیکن تجھ کو ہے معلوم
اب میں نے چیل کی مانند اُڑنا سیکھ لیا ہے
شیر کی مانند جست لگانا سیکھ لیا ہے
لفظوں کو ہتھیار بنانا سیکھ لیا ہے

ایک نہ اک دن
تیری کھال اُدھیڑ کر تیرے ہاتھ میں رکھ دوں گا
تُو نے میرے باپ کو ننگا کر کے مارا تھا ایسے!

بلیک پوئٹری

جینت پرمار

جب بھی ہاتھ میں
لیتا ہوں میں اپنا قلم
تب اس میں سے نکلی ہیں
کالی چیخیں...
بستی ہوں گی
کالے لوگوں کی روحیں

دلِت کوی کی وصیت

جینت پرمار

دلِت کوی اپنے پیچھے
کیا کچھ چھوڑ کے جاتا ہے
لہو سے رِستا اک کاغذ
رات کے سر پہ

کالا سورج

قلم کے نِب پہ
آگ کا دریا
اپنے پُرکھوں کی قندیل

وہ تم پر یلغار نہیں کرتا کبھی
علامتوں کی
استعاروں کی
شخصیتوں کی
گدھے کی پیٹھ کا بار گراں وہ
خود ہی زخمی سایہ ہے
کوئی وجود نہیں ہے اس کا
ٹوٹا کپ اور اس میں کوئی فرق نہیں

گوبر مٹی کی تصویر بنانے والے
اتنی سمجھ تو رکھتا ہے
ریت گھڑی میں
جلاوطن مٹی کی بُو میں
بغاوتوں کے سوریہ مکھی میں
قلم کا نیزہ اور دوات کی سیاہی میں
فن قائم اور دائم ہے

لیکن اب وہ ڈھونڈ رہا ہے
اپنا وجود
اسے جستجو ہے اپنی
بڑے فخر سے کہتا ہے وہ
خود کو دِلت !

کاغذ

جینت پرمار

پرانے وقت میں
لکھا جاتا تھا
پتّوں پر
بھوج پتر پر
تاڑ پتر پر
پیڑ کے سینے پر
پتھر پر
پشو کے چمڑے پر
تانبے پر
چار وید بھی
لکھے گئے تھے
بھوج پتر پر

لیکن ظلم کی
کالی رچنائیں
لکھی گئی تھیں
میرے بدن پر
آج بھی!

صبح کی ہواؤ!

جینت پرمار

صبح کی ہواؤ!

مری روح کے پاس رک جاؤ

مجھے دو لہو رنگ سورج
جس پہ بادل کا سایہ نہ ہو
جو نہ ڈوبے
اُفق کے گھنے جنگلوں میں کبھی
جس کو اُنگلی پہ رکھ
کرشن کے چکر کی طرح
پھینکوں گا ان پر
جنھوں نے میری جیبھ کو کاٹ کر
یگیہ کے کنڈ میں
اوم سواہا کیا
مری پھول سی
ننھی بچی کا سر کاٹ کر
نذر آتش کیا
مری بہن کی چھاتیوں سے
بہائی ندی خون کی
مرے باپ کو زندہ دفنا دیا
دن دہاڑے مری ماں کو ننگا کیا

مری آگ اب ٹھنڈی ہوگی نہیں
مجھے دو لہو رنگ سورج
صبح کی ہواؤ!
مری روح کے پاس رک جاؤ

کاٹ دیا برہما کے پاؤں کا انگوٹھا

جینت پرمار

میں دھنستا جاتا ہوں نیچے
اور بہت ہی نیچے
گہری کھائیوں میں
پاتال کی جانب

میرے زخموں نے چھوڑے ہیں
نشان سرخ لہو کے
جھاڑی جھانکھڑ پر
پتھر کی اونچی چٹانوں پر
اس سے قبل کہ
شیش ناگ کے دانت
میرے پاؤں کو چھو لیں
اپنے قلم کی نوک سے میں نے
کاٹ دیا برہما کے پاؤں کا انگوٹھا
جس کے نیچے میرا سر تھا!

راجہ نے اپنی حفاظت کی

سوریہ کانت ترپاٹھی نرالا

ترجمہ: ارشد عبدالحمید

ظل سبحانی حفاظت کے لیے
قلعہ بنا کر رہے
فوجیں تا حد نظر
جاں نثاری کے لیے تیار تھیں
ملک کے سامنت سب
حاضر خدمت تھے اپنی اپنی زرہیں لیے
پاک اور بھولے برہمن
خالق و مالک کی قربت کا علم تھامنے والے
دست بستہ حاضر دربار تھے
شاعروں نے شاہ وملت کے لیے نظمیں لکھیں
اور افسانہ نویسوں نے گڑھے
افسانہ ہائے عزم و فتح
ملک کی تاریخ لکھنے والوں نے
شاہناموں کے سنہرے صفحوں پر
مہر صداقت ثبت کی
اور یوں قائم ہوئی
ایک مثالی اور لاثانی ریاست
شاہناموں میں مگر کس نے لکھا
کتنی جانیں مذہبوں کے نام پر ضائع ہوئیں

کتنے گھر حفظِ وطن کے نام پر جنگل بنے
کتنی ندیوں کو لہو کی آگ نے صحرا کیا
ایک بزدل کی حفاظت کے لیے

فلسطینی نظمیں

ترجمہ: اشعر نجمی

پاسپورٹ
محمود درویش

انھوں نے مجھے نہیں پہچانا، پاسپورٹ کے دھندلے پن نے
میرے فوٹوگراف کی رنگت مٹا دی

انھوں نے میرے زخم کی نمائش کی
سیاحوں کے لیے، جنھیں فوٹوگراف جمع کرنے کا شوق ہوتا ہے
انھوں نے مجھے نہیں پہچانا

آہ! مت چھوڑو میری ہتھیلی بغیر دھوپ کے
کیوں کہ درخت مجھے پہچانتے ہیں
سبھی سرحدیں
سبھی لہراتے رومال
سبھی سیاہ آنکھیں
میرے ساتھ تھیں
بارش کے سبھی گیت مجھے پہچانتے ہیں
مجھے چاند کی طرح گمراہ مت چھوڑو

سبھی پرندے جو میرے ہاتھوں کے پیچھے آئے
دور ہوائی اڈے کے دروازے تک

سبھی گیہوں کے کھیت
مگر انھوں نے ان سب کو پاسپورٹ سے ہٹا دیا

سبھی قید خانے
سبھی سفید قبر کے پتھر
سبھی کانٹے دار باڑ
سبھی لہراتے ہوئے رومال
سبھی آنکھیں میرے ساتھ تھیں
لیکن انھوں نے میرے پاسپورٹ سے اُڑا دیا

میرے نام سے، میری شناخت سے محروم
ایسی زمین پر جس کی میں نے دونوں ہاتھوں سے دیکھ بھال کی

آج جیکب چیخا
آسمان کے آر پار
میرا پھر سے امتحان مت لو

اوہ! حضرات گرامی، پیغمبرو!
درختوں سے ان کا نام مت پوچھو
وادیوں سے مت پوچھو کون ہے ان کی ماں

میری پیشانی سے پھوٹتی ہے روشنی کی تلوار
اور میرے ہاتھ سے پھوٹتا ہے دریا کا چشمہ
لوگوں کا دل ہی ہے میری قومیت
سو میرا پاسپورٹ لے جاؤ

نظم کا کام آنسو پونچھنا نہیں

ذکریا محمد

وہ رو رہا تھا، اس لیے اسے سنبھالنے کے لیے میں نے اس کا ہاتھ تھاما
اور آنسو پونچھنے کے لیے
میں نے اسے کہا جب غم سے میرا گلا رُندھ گیا تھا؛ میں تم سے وعدہ کرتا ہوں کہ انصاف
جیتے گا آخر کار، اور امن جلد ہی قائم ہو گا

ظاہر ہے میں اس سے جھوٹ بول رہا تھا، مجھے معلوم تھا کہ انصاف نہیں ملنے والا
اور امن جلد نہیں آنے والا، مگر مجھے اس کے آنسو روکنے تھے

میری یہ سوچ غلط تھی کہ اگر ہم کسی کرشمے سے
آنسوؤں کی ندی کو روک لیں، تو سب کچھ ٹھیک ٹھاک ہو جائے گا

پھر چیزوں کو ہم ویسے ہی تسلیم کر لیں گے جیسی وہ ہیں، بے رحمی اور انصاف ایک ساتھ
میدان میں گھاس چریں گے، خدا شیطان کا بھائی نکلے گا اور شکار قاتل کا عاشق ہو گا
مگر آنسو روکنے کا کوئی طریقہ نہیں ہے، وہ سیلاب کی طرح مسلسل بہتے رہتے ہیں اور امن
کی روایت کو تباہ کر دیتے ہیں
اور اس لیے، آنسوؤں کی اس تلخ ضد کی خاطر، آیئے، آنکھوں کی تاج پوشی کریں
اس زمین کے سب سے مقدس صوفی کی شکل میں
نظم کا کام نہیں ہے آنسو پونچھنا

نظم کو خندق کھودنی چاہیے جس کا باندھ وہ توڑ دیں اور اسے کائنات میں ڈبو دیں

میری سولہ سال کی ماں

احلام بشارات

کیا کر رہی ہے اسّی کے آس پاس کی میری ماں ان حالات میں؟
وہ شیشے کے پیچھے سے دیکھتی ہے صورت حال کو
بارش جب رُکتی ہے، وہ اپنی پلاسٹک کی چپلیں پہن کر باہر نکلتی ہے
اپنا دوشالہ کندھے پر ڈالے اور کمر پر کسا ہوا لباس پہن کر

سولہ سال کی لڑکی کی طرح
تعاقب کرتی بارش، پتّوں اور
ہوا بھری پلاسٹک کی تھیلیوں کا
کہ ہوا اُکھاڑ نہ دے اس کی دس نیلی انگلیاں
جو پھوار کے نیچے رقص کر رہی ہیں

میرے نوے کے آس پاس کے والد کیا کر رہے ہیں ان حالات میں؟
وہ گھسے ہوئے ہیں کمبل میں سوچتے ہوئے
کہ ان حالات میں بستر سے باہر نکلنے کا کیا فائدہ
اگر میں بیس سال کا نوجوان نہیں ہو سکتا؟
اگر میں کوئیں سے پانی نکال کر نالیوں کے ذریعے پیاسے پودوں تک نہیں پہنچا سکتا؟
میں کیا کر سکتا ہوں ان حالات میں؟
میں ایک لفظ جڑتا ہوں
اپنی تنہائی کی زمین پر
ایک لفظ گاڑتا ہوں
کہ ہوا کہیں اڑا نہ دے
میرے سر کے اوپر سے
زندگی کا وہ خیمہ
اور میں سوچتا ہوں اپنی سولہ سال کی ماں کے بارے میں
جو ابھی بھی کھول رہی ہے اور میں بلاتی ہوں اسے
لوٹ آؤ گھر، بٹیا
اور میں سوچتی ہوں اپنے بیس اکیس سال کے والد کے بارے میں
اپنے زخموں کا خیال رکھ کر ٹھٹکے ہوئے ہیں... میں گلے لگاتی ہوں انھیں
ٹانکے لگاتی ہوں جن زخموں پر ضروری ہے
ورنہ خون نکلے گا ہتھیلیوں سے
ابھی جوان ہو تم
پوری زندگی پڑی ہے سامنے تمھارے

اور میں سوچتی ہوں تمھیں:
کیا کر رہے ہو ان حالات میں
تم سکون سے جواب دو گے سپاٹ زبان میں
جس سے کسی کی بھی نیند میں خلل نہ پڑے
کچھ نہیں
میں کچھ نہیں کر رہا

بھاڑ میں جائے تمھارا لیکچر

نور ہندی

نو آبادیاتی لکھتے ہیں پھولوں کے بارے میں
میں بتاتی ہوں تمھیں اسرائیلی ٹینکوں پر پتھر پھینکتے بچوں کے بارے میں
گُل بہار کے پھولوں میں بدلنے سے کچھ لمحہ قبل
میں ان شاعروں کی طرح ہونا چاہتی تھی، جنھیں پرواہ ہے چاند کی
فلسطینی چاند نہیں دیکھ سکتے جیل کی کوٹھریوں اور پنجروں سے
کتنا حسین ہے یہ چاند
کتنے خوب صورت ہیں یہ پھول

جب غم زدہ ہوتی ہوں میں پھول اٹھاتی ہوں اپنے مرحوم باپ کے لیے
وہ ہمیشہ الجزیرہ دیکھتے تھے
چاہتی ہوں جیسیکا مجھے موبائل پر 'ہیپی رمادان' کا ٹیکسٹ بھیجنا بند کر دے
جانتی ہوں میں امریکی ہوں کیوں کہ جب بھی میں کسی کمرے میں جاتی ہوں،
کچھ مر جاتا ہے
موت کے استعارے ان شاعروں کے لیے ہیں جو سوچتے ہیں کہ بھوت
آوازوں کا بہت خیال رکھتے ہیں
جب مروں گی، وعدہ ہے، تمھارا ہمیشہ پیچھا کروں گی
ایک دن پھولوں کے بارے میں ایسا لکھوں گی، جیسے میری جائداد ہو

فلسطین

ابتسام برکت

آفس میں سامان مہیا کرانے والے اسٹور کا
پرانے سامان کی سیل والا آمد و خرچ کا رجسٹر کھنگالتے ہوئے
میں تیار کر رہی ہوں
کہ خرید لوں ساری دنیا
ایک عدد گلوب
صرف پچاس ڈالر کا ہی تو ہے
دکاندار کہتا ہے 195 ملک خرید لیجیے
صرف پچاس ڈالر میں
میں سوچتی ہوں
اس کا مطلب تو یہ ہوا
کہ فی ملک پچیس سنٹ کا پڑا
اگر میں آپ کو دوں ایک ڈالر
تو کیا آپ اس گلوب میں
شامل کر لیں گے فلسطین؟
آپ اسے کس جگہ رکھنا چاہتی ہیں؟
اس نے پلٹ کر پوچھا
وہ تمام جگہیں جہاں جہاں بھی رہتے ہیں
فلسطینی!

جنگ سے کم عمر

موساب ابوطوہا

ٹینک دھولوں کے درمیان بینگن کے کھیتوں میں لڑھکتے ہوئے چلتے ہیں

بستر بکھرے پڑے ہیں، آسمان میں بجلی چمکتی ہے
بھائی لڑاکا طیاروں کو دیکھنے کے لیے کھڑکی کی طرف لپکتا ہے
جو ہوائی حملے کے بعد دھوئیں کے بادلوں کے درمیان
اُڑ رہے ہیں، لڑاکا طیارے جو بازوں کی طرح نظر آتے ہیں
بیٹھنے کے لیے، ایک لمحہ سانس لینے کے لیے جو درخت کی شاخ
تلاش رہے ہو، مگر یہ آہنی باز
خون اور ہڈی کے شوربے کی کٹورے میں روحوں کو
پکڑ رہی ہیں

ریڈیو کی کوئی ضرورت نہیں
ہم ہی خبر ہیں
مشتعل مشین گنوں سے داغے ہر گولے سے
چینٹیوں تک کے کان دُکھتے ہیں

فوجی آگے بڑھتے ہیں، کتابیں جلاتے ہیں، کچھ کل کے اخبار کے
صفحوں کو ویسے ہی لپیٹ کر پھونکتے ہیں جیسے بچپن میں
کیا کرتے تھے، ہمارے بچے
کنکریٹ کے کھمبوں سے پیٹھ ٹکا کر، سر گھٹنوں کے بیچ دبا کر
تہہ خانے میں چھپ جاتے ہیں، والدین چپ ہیں

وہاں نیچے رطوبت ہے اور جلتے بموں کی تپش
زندہ رہنے کی امید کی
سانسیں گنتی ہے
ستمبر 2000 میں، رات کے کھانے کے لیے روٹی خریدنے کے بعد
میں نے ایک ہیلی کاپٹر کو ایک ٹاور میں
راکٹ داغتے دیکھا، جو مجھ سے بس اتنا ہی دور تھا
جتنی میری خوفناک چیخیں
جب میں نے بلندی سے کنکریٹ اور شیشے گرنے کی آواز سنی تھی

روٹی باسی ہو گئی تھی
میں اس وقت صرف سات سال کا تھا
میں عمر میں جنگ سے دہائیوں چھوٹا ہوں
بموں سے کچھ سال بڑا

غزہ کا رہائشی ہونے سے قبل

نومی شہاب نائے

میں ایک بچہ تھا
اور میرا ہوم ورک کہیں کھو گیا تھا
ایک کاغذ جس پر اعداد تھے
قطاروں میں سلسلہ وار
میں اپنے اس کاغذ کے پرچے کو تلاش کر رہا تھا
یہ جمع وہ، پھر ضرب
پھولا نہ سماتا
یاد نہیں کر پا رہا تھا کہ
چچا کو دکھانے کے بعد اسے میز پر چھوڑ دیا تھا
یا کنگھی کرنے کے بعد طاق پر
مگر وہ کہیں تھا ضرور
اور میں اسے تلاش کر کے کل اسکول میں جمع کرنے والا تھا
ٹیچر میم کو خوش کرنے والا تھا
پوری کلاس کے سامنے وہ میرا نام لینے والی تھیں
اس سے پہلے وہ سب ہو گیا
ایک ہی لمحے میں
حتیٰ کہ میرے چچا بھی
حتیٰ کہ ٹیچر میم بھی

حتیٰ کہ کلاس کا سب سے اچھا ریاضی کا طالب علم بھی
اور اس کی چھوٹی بہن بھی
جواب بول نہیں پاتی
اور اب میں کچھ بھی کر سکتا ہوں
ایک ایسے سوال کے لیے جسے میں حل کر سکوں

غزہ کے شریر بچے

خالد جمعہ

اے غزہ کے شریر بچو!
میری کھڑکی کے نیچے ہر وقت
تم چیختے چلاتے رہتے ہو
کوئی صبح ایسی نہیں بخشی تم نے
جب اور دوڑنا شور مچانا نہ ہوا ہو
تم نے توڑ ڈالے میں گُل دان
حتیٰ کہ بالکنی میں کھلے پھول بھی
جاتے جاتے نوچ لیے...
لوٹ آؤ میرے پیارے بچو!
اب چاہے جتنا شور مچانا
جتنے گُل دان ہیں سب تمھارے لیے
توڑو پھوڑو چاہے جو کرو
چرا لے جاؤ میری بالکنی کے سارے پھول
مگر آ جاؤ میرے بچو
لوٹ آؤ میرے پیارے بچو!

اصل خطرہ

شارق کیفی

نہیں یہ ممکن نہیں
یہ سب کارِ رائیگاں ہے
کہاں سے لائیں گے ہم بھلا اتنی گھنٹیاں
جتنی بلّیاں ہیں
میں ایک بوڑھا اداس چوہا
بس اتنا کہہ کر
تمام کرتا ہوں بات اپنی
وہ صرف بلّی نہیں ہے جسے ہم کو دیکھنا ہے
وہ ایسا خطرہ نہیں ہے شاید
کہ اس کی ہر چال سے تو ہم پھر بھی آشنا ہیں
مگر وہ چوہا
گلے میں گھنٹی جو ڈال کر آئینے کے آگے کھڑا ہوا ہے
جو ایک تمغے کی شکل میں اس کو دیکھتا ہے
وہ اصل خطرہ ہے
جس کا رکھنا ہے دھیان ہم کو
تمام خونخوار بلّیوں کی ہے روح اس میں

مجرم ہونے کی مجبوری

شارق کیفی

وضو جائے تو جائے
فرشتے کچھ بھی لکھ لیں نامۂ اعمال میں میرے
مگر منھ سے مرے گالی تو نکلے گی
اگر اس تولیے میں چیونٹیاں ہوں گی
تھکن سے چور ہو کر
جس سے ماتھے کا پسینہ پونچھتا ہوں میں

دوسرے ہاتھ کا دُکھ

شارق کیفی

میں تجھ سے کیوں خفا ہونے لگا قاضی
مری تو روح تو نے پاک کر دی یہ سزا دے کر
کبھی میں سوچتا بھی جرم کو اپنے
تو اب شاید نہ سوچوں گا

ہاں
بُرا اگر مان سکتا ہے
تو میرا دوسرا یہ ہاتھ
جس کا ایک ہی ساتھی تھا اس دنیا میں
جو کہنی سے تُو نے کاٹ ڈالا
اور یہ اپنے یار کا غم

کس قدر
اور کس طرح لیتا ہے دل پر
اس کا مجھے کوئی اندازہ نہیں ہے

مگر یہ داؤ ہم کو کھیلنا ہے
شارق کیفی

نشانہ چوکنا
یعنی نشانے پر کسی کے آ گئے ہم
بڑا تو ہے مگر یہ داؤ ہم کو کھیلنا ہے
کہ ہم اُوبے ہوئے لوگ
کسی لمحے کے خالی پن کو بھرنے کے لیے
کسی حد تک بھی جا سکتے ہیں شاید
ابھی یہ سوچنے کا وقت کس کو ہے
وہ گولی جو کسی کے کان کو چھو کر گزرتی ہے
کہیں اک چھید کر دیتی ہے
اس ہالے میں
جس کو خوف کہتے ہیں
اور جس سے موت کا ڈر
چھن کے بہہ جاتا ہے باہر روح سے
کسی بھی خوف سے عاری یہ روحیں
کیسے کیسے گل کھلائیں گی ہمیں یہ بھی پتہ ہے
یہ شاید خودکشی ہے
مگر ہم بھی کریں کیا؟
کہ مرنے تک کی یہ جینے کی مجبوری تو اپنے ساتھ بھی ہے

نگہبانی ہتک ہے

شارق کیفی

یقین تو کرنا پڑے گا تجھ کو میرے کہے کا
میں کوئی مجرم نہیں جو تجھ سے چھپاؤں گا کچھ
میں خود تجھے اپنی نیکیوں اور لغزشوں کا حساب دوں گا
قضا ہوا ایک ایک روزہ ہے یاد مجھ کو
نہ پڑھ سکا جو نماز وہ ڈائری میں لکھی ہوئی ہے میری
مگر یہ ہر پل کی نگہبانی میری ہتک ہے
یہ دو فرشتے
جو میرے کاندھوں پہ ہر گھڑی بیٹھے اونگھتے ہیں
انھیں کوئی اور کام دے دے
مرا مرے ہاتھ ہی میں سارا نظام دے دے
سبب بتا دے
میں ہوں تو کیوں شک کے دائرے میں
میں خود بھی مشکوک ہو گیا ہوں
اب اپنی مٹی کے سلسلے میں
جب آخری بات کہہ چکا تو
شعور بن کر لہو کے دھاروں میں بہہ چکا تو
تو پھر تجھے اتنی فکر کیوں ہے
کہ میں بھٹک جاؤں گا جہاں میں
مجھے بتا دے
میں کس سے کہنے جا رہا ہوں
بہت بڑی کیا کمی کوئی رہ گئی ہے مجھ میں؟
تری طرف سے

تماشائی نہ مل پائے

شارق کیفی

توجہ؟
وہ یہاں کس کو ملی ہے
خدا نے کیا کسر چھوڑی تھی کوئی؟
توجہ کھینچنے کی
مگر کیا ہاتھ آیا؟
تماشا گاہ تک لائے گئے تھے مفت میں ہم
ٹکٹ بھی واپسی کا جیب میں اس نے ہماری رکھ دیا تھا
کہ ہم بے فکر ہو کر کھیل کا اس کے مزہ لیں
فقط تعریف کرنے کے عوض
تالی بجانے کے عوض جنت
بڑا انعام تھا
تماشے روشنیوں کے بھی سب دلچسپ تھے
مگر پھر بھی ہمیں ایسا نہیں لگتا
تماشا دھیان سے دیکھا کسی نے
وہ جس اک واہ کی خاطر
یہ سارا انتظام اس نے کیا تھا
دلوں سے وہ کبھی نکلی کسی کے
اگر یہ سب خدا کے ساتھ ہو سکتا ہے
تو ہم کیا
ہمارے چھوٹے موٹے کھیل کیا
بازیگری کیا
سبب بنتا نہیں شکوے کا کوئی
بلا مطلب تماشا دیکھنے والوں سے اپنے ہم خفا ہیں

خدا کو جب یہاں اچھے تماشائی نہ مل پائے
تو ہم کیا ہیں!

خورشید اکرم کا پیشاب

خورشید اکرم

پیارے کوی راجیش جوشی*
تم پہچان لیے جاؤ گے اپنے نام سے
اور بچ جاؤ گے
کہ تم ہندو ہو یعنی بھارت ماتا کے پُتر

میں اپنے نام سے سے پہچان لیا جاؤں گا
اور بچ نہیں پاؤں گا
مار دیا جاؤں گا
کہ میں مسلمان ہوں مطلب کہ ملیچھ

مگر تم بھلا کیسے ہندو ہو
اور میں بھی کیسا مسلمان
جب کہ تم قرضدار ہو میرے ایک بوتل خون کے
اور مجھ پر احسان ہے تمھاری بیاکل کویتاؤں کا
راجیش جوشی آؤ اپنے نام بدل لیں
اُلٹ پلٹ دیں دھرموں کی پہچان

اب ایک ساتھ کھڑے ہو جاتے ہیں
راجیش جوشی اور خورشید اکرم
بلڈوزر کے سامنے

راجیش جوشی پر نہیں چل سکتا

گجرات کی لیباٹری میں سدھایا ہوا بلڈوزر
(نام ہی سرکشا چکر ہے راجیش جوشی کا)
اور خورشید اکرم کی طرف بڑھے
تو کھول کے دکھا دینا اپنی پہچان
کہ دیکھ بھین چو... دیکھ میں کٹوا نہیں ہوں'
اور پھر زور سے دھار سے مارنا پیشاب
کیمرے دیکھیں اور دکھائیں
خورشید اکرم کا پیشاب کرنا
بلڈوزر کے منہ پر!

*مشہور ہندی شاعر جن کی ایک نظم سے اس نظم کی تحریک ملی۔

حجاب

خورشید اکرم

ہم نے اپنی بیٹیوں کے سر پر ڈال دیا ہے
عفت کا خود
(کہ ان کے بال گناہ کی شعائیں ہیں)
انھیں سکھا دیا ہے
نگاہ نیچی رکھنا
اتنی نیچی کہ اگلا قدم
رکھ کر ہی پتہ چلے
زمین سمتل ہے کہ دلدل ہے
ان کی آنکھوں پر تسمے چڑھا دیے ہیں
تا وہ نہ جانیں
کہ کوئی دوسرا بھی راستہ ہے
خط مستقیم سے الگ

اچھی طرح سکھا دیا ہے محفوظ رہنا
کہ گھر کے باہر پڑنے والا ہر قدم
آگ میں پڑسکتا ہے
اور خبردار! مرد وحشی ہوتے ہیں

'علم کے لیے اگر چین بھی جانا ہے تو جاؤ'
مگر یہ بات تمھارے لیے نہیں ہے
بتا دیا ہے کہ تم جان جاؤ
کہ تمھیں اپنے بیٹوں کو تلقین کرنا ہے
علم کے حصول کی، اسفار کی
چاہے وہ سنیں نہ سنیں
اور اپنی بیٹیوں کو نکلنے بھی نہ دینا
اپنی آڑ سے

ہم سکھا رہے ہیں بیٹیوں کو
اُلٹے قدم چلنا
کہ نگاہ اسی صف پر رہے
جس کے پنجر کھڑے ہیں
صدیوں کی مسافت پر!

pK کیرکیٹا کی نظمیں

ترجمہ: اشعر نجمی

جسنتا کیرکیٹا کا جنم 1983 میں جھارکھنڈ کے مغربی سنگھ بھوم میں ہوا۔ جسنتا آزاد صحافت کے پیشے سے وابستہ ہیں اور جھارکھنڈ کے آدیباسی گاؤں میں سماجی کارکن کی حیثیت سے سرگرم عمل ہیں۔ ان کا پہلا ہندی انگریزی ذولسانی شعری مجموعہ کا ترجمہ جرمن، اطالوی اور فرانسیسی زبان میں شائع ہو چکا ہے۔ دوسرا ہندی انگریزی ذولسانی شعری مجموعہ بھی جرمن میں ترجمہ ہو چکا ہے۔ ان کے تیسرے شعری مجموعہ 'ایشور اور بازار' سے کچھ نظموں کا اردو ترجمہ قارئین کی ضیافت طبع کے لیے حاضر ہے۔ جسنتا کیریکٹا کو کئی قومی اور بین الاقوامی انعامات سے نوازا جا چکا ہے لیکن دوسری طرف انھوں نے کئی انعامات لوٹائے بطور مزاحمت قبول کرنے سے انکار بھی کیا ہے۔

جب تم مزاحمت کرتے ہو

ہم جب غصہ ہوتے ہیں
کیا کرتے ہیں؟
تمھاری ناانصافی کے خلاف
مزاحمتی شاعری کرتے ہیں
مگر تم ہمارے خلاف مزاحمت میں
جب بھی نکلتے ہو
ہمارا قتل کرتے ہو

ہم قتل کو قتل کہتے ہیں
اور تم ہمارے قتل کو
اپنی مزاحمت بتاتے ہو

تم ہمارے قتل کی جگہ
نظمیں کیوں نہیں لکھ پاتے؟

تم چاہتے ہو ہم بھی
مزاحمتی نظمیں لکھنا چھوڑ دیں
اس کی بجائے کوئی قتل کریں
پتھر پھینکیں یا گھر جلائیں
مگر ہم ایسا کچھ نہیں کرتے

ہم صرف نظمیں لکھتے ہیں
اور ہر بار
تمھارے اندر چھپے قاتل کو
تلملا کر باہر نکلتا دیکھتے ہیں!

پڑوس میں دیش دروہی تلاش کرتے لوگ

دھرم، جعلی دیش بھکتی
اور سیاست کی مکاری کے نشے میں دھت
شام شہر میں کوئی جھنڈ نکلتا ہے
جواب بھی ہندوستان پاکستان کے
اسی بٹوارے کی ساعت میں کھڑا ہے
پاکستان کی سرحد ہے کس طرف
یہ جاننے کی زحمت نہیں اٹھاتا
محلے سے باہر کبھی گیا نہیں
اس لیے اپنے محلے میں ہی پاکستان تلاش کرتا ہے

گھر کے دروازے سے کچھ پرے
گلی کے موڑ پر جس مسلم بوڑھے کا گھر ہے

اس کے بچے اور بچے کے بچوں نے
اسی محلے میں دن گزارے ہیں
جھنڈا اس کے گھر کی دیوار کو
ہندوستان پاکستان کی سرحد سمجھتا ہے
اور دروازے پر
'پاکستان مردہ باد' کے نعرے لگاتا ہے
مسلم بوڑھے کا بیٹا چکراتا ہے
جب واپس جاؤ واپس جاؤ کے نعرے سنتا ہے
واپس کہاں جائیں؟
یہی میرا گھر ہے! نیند میں ہو یا بیہوشی میں
کچھ بھی انٹ شنٹ بکتے ہو، وہ چلاتا ہے
اور لات گھونسوں کے بیچ اسی وقت
وہ دیش دروہی ہو جاتا ہے

مرے ہوئے لوگ

نازیوں کے ہاتھوں مرنے سے پہلے
قطار میں کھڑے
اپنی موت کا انتظار کرتے ہوئے لوگ
مرے ہونے کا ناٹک کرتے ہیں
یہ سوچ کر
شاید موت انھیں مردہ سمجھ کر
آگے بڑھ جائے

وہ وقت بدل گیا ہو جیسے
پہلے سے ہی مر چکے لوگ اب
زندہ ہونے کا ناٹک کرتے ہیں

جب بالکل اسی وقت ان کے سامنے
ایک عام آدمی
فرقہ، مذہب، رنگ اور اپنی نسل کے سبب
مارا جاتا ہے...

چیخیں سننے والی بھیڑ
ایک لاش کو لانگھتی ہوئی
کسی لاش کی طرح
دفتر کی طرف چل دیتی ہے
اور قاتل مردہ بھیڑ کو
چیرتے ہوئے نکل بھاگتا ہے

ایک دن وہ لوٹ آتا ہے
خون سے اپنے رنگے ہاتھ دھو کر
اور اسی بھیڑ سے ووٹ مانگتا ہے

وہ جانتا ہے یہ بھیڑ
صرف زندہ بچے رہنے کے لیے
روزانہ جد و جہد کرتی ہے
خود کو زندہ رکھنے کے لیے خاموش رہتی ہے
اور اندر سے مر چکے لوگوں کو
الیکشن میں اپنے لیے چُن لیتی ہے

ایک دن وہ
لوٹ کر اسی بھیڑ کی قیادت کرتا ہے
اور سوچ کر مسکراتا ہے
کہ وہ چلتے پھرتے مرے ہوئے لوگ ہیں
انھیں بھلا کیا کیا یاد رہتا ہے؟

سیاست کی شاہراہ پر

بلاتکاریوں نے اپنے عضوتناسل کو
کسی تیز اسلحے میں تبدیل کرلیا ہے
وہ اس کے ساتھ نکل رہے ہیں
اور عورت کے جسم کے ساتھ ساتھ
اس کی روح کو بھی مار رہے ہیں
سماج جس نے انھیں بچپن سے دھار دی ہے
وہ اپنے ہاتھ کی کرتوتوں کی شناخت نہیں چاہتا
چوراہے پر صرف کسی سزا کا مطالبہ کرتا ہے
اب یہ عضوتناسل
رفتہ رفتہ بندوقوں میں تبدیل ہو رہا ہے
اس کے ذریعہ ایک ساتھ
کسی خاص فرقے کا بلاتکار کیا جائے گا
اس کے جسم کے ساتھ اس کی روح کو چھلنی کیا جائے گا
اور بلاتکار کے خلاف کھڑے ہوئے لوگوں کو
چوراہوں پر سمیٹ دیا جائے گا

وہ کون ہے جس کا منھ
ہمیشہ کچھ زیادہ نگلنے کے لیے کھلا رہتا ہے
اور جو جھپٹا مارنے کے لیے اپنے پنجوں کو
الگ الگ طرح سے تیز کرتا رہتا ہے
اناج کا ذائقہ کسے پھیکا لگنے لگا ہے
اور کون ہے جو اب
دھرتی کی پوری کوکھ کھانا چاہتا ہے
وہ کون ہے جو پوری لگن سے
اپنی زبان کے ساتھ

سب کی رال کے لیے بھی فکر مند ہے

اس نے عورت کی بریدہ روح کو
سیاست کی شاہراہ پر لٹا دیا ہے
ثبوتوں کو کہیں جھاڑیوں میں چھپا دیا ہے
اور قاتلوں کی معاشی حالت درست کرنے میں
جی جان سے لگا ہوا ہے
اس نے سزا کا مطالبہ کرتی
چوراہوں پر چیختی تختیوں کو
اپنے لیے کسی زرہ بکتر میں بدل لیا ہے
اور اس زرہ بکتر کے پیچھے اس کا چہرہ چھپ گیا ہے

وہ چیخ چیخ کر یقین دلا رہا ہے
صبر کیجیے
کسی کو نہیں بخشا جائے گا
اپنی پوری طاقت کے ساتھ
کسی فرقے کے بلاتکار کے بعد
وہ اپنے مطالبوں کی طرف رجوع ہوگا

ہمارا حساب کون دے گا ساب؟
جسنتا کیر کیٹا

مندر مسجد گرجا گھر ٹوٹنے پر
تمھارا درد کتنا گہرا ہوتا ہے
کہ صدیوں تک لیتے رہتے ہو اس کا حساب
مگر جنگل جن کی مقدس جگہ ہے
اس کو اجاڑنے کا حساب کون دے گا ساب؟

جانے کب سے دھرم دھرم کھیل رہے ہو
جو تمھارے دھرم کے دائرے میں آتے نہیں
وہ جنگل کو پوجتے ہیں، جنگل کو جانتے نہیں
وہیں جیتے ہیں وہیں مرجاتے ہیں
تم سب بوٹ پہن کر

ان کے مقدس مقامات میں کیسے گھس آتے ہو؟
وکاس کے نام پر جتنے بے قصور مارے ہیں
ان سب کا حساب کون دے گا ساب؟
وہ جو جنگل پہاڑ میں رہتے ہیں
وہ وَن واسی نہیں آدیباسی ہیں
ان کو ان ہی کی زمیں پر
کیوں اچھوت بنا کر رکھتے ہو
اپنا اپنا دھرم لے کر
کیوں ادھر چلے آتے ہو
آتے ہو تو دھرم کے ساتھ ان کی تہذیب پر
بلڈوزر کیوں چلاتے ہو؟
ہر عہد میں تم سب شامل ہو
ان کی مقدس جگہوں کو اجاڑنے والوں کے ساتھ
آخر ان سب کا حساب کون دے گا ساب؟

کیسا دھرم ہے تمھارا؟
آپس میں تو لڑ مرتے ہو
قدرت جو تمھیں پالتی ہے
اس کو بھی نہیں بخشتے ہو

ہم زندگی بھر لڑیں گے

تمھاری اسی تہذیب کے خلاف
بس اتنا بتا دو
اس دھرتی کو اجاڑنے کا حساب
آخر کون دے گا ساب؟

[بشکریہ 'ایشور اور بازار'، راج کمل پیپر بیکس، دوسرا ایڈیشن 2023]

فریڈریکو گارسیا لورکا کی نظمیں

ترجمہ: ادیب سہیل

گارسیا لورکا، اسپین کا شاعر، ڈرامہ نویس، مصور اور تھیٹر کا ہدایت کار تھا جس کی شاعرانہ عظمت کا اعتراف دنیا نے کیا۔ یہی نہیں بلکہ بعد از مرگ گارسیا لورکا کی غیر معمولی تکریم کی گئی۔ اس کا سبب آمریت سے گارسیا لورکا کی نفرت تھی جس کی مزاحمت کرنے پر اسے عین جوانی میں زندگی سے محروم کر دیا گیا۔

فریڈریکو گارسیا لورکا کو اسپین کی خانہ جنگی کے دوران دائیں بازو کے ڈکٹیٹر فرانسسکو فرانکو کے حامیوں نے گولیاں مار کر ہلاک کر دیا تھا۔ 1936 سے 1939 تک خانہ جنگی کی غارت گری اور آمریت کے دور میں پیش آنے والے روح فرسا واقعات پر لکھنے والوں کا خیال ہے کہ لورکا کو گریناڈا کے قریب واقع ایک مقام پر گولیاں ماری گئی تھیں، مشہور ہے کہ اسی مقام پر ایک گڑھے میں دیگر مقتولین کے ساتھ اس تخلیق کار کے جسم کو بھی دبا دیا گیا تھا۔ موت کے وقت لورکا کی عمر 38 برس تھی۔

بربط کچھ بول رہا ہے

زمیں پہ اڑتیس بار پتوں کا رنگ بدلا
رُتوں کی مہلت تو مختصر تھی
مگر تمھاری صداؤں میں جاگتی تھیں صدیاں
گٹار کا ایک سر اداسی
کسی پرندے کی چیخ جیسے
تمھارے گیتوں کا دوسرا سر نشاط تازہ
کہ جیسے چشمے اُبل رہے ہوں
تمھاری نظمیں قدیم رازوں کی سرسراہٹ

رگوں میں جیسے لہو کی ہلچل
لہو تمھارا لہو درختوں کے پاس مٹی میں جذب
گہری جڑوں میں گم ہے
مگر ہوائیں نگر نگر شاعروں کے دامن میں ڈالتی ہیں
تمھارے گیتوں کے پھول
خوابوں کی ٹہنیوں کی سفید کلیاں
وہ سبز حیرت
جو تم نے زیتون کے درختوں میں گھلتے دیکھی
نظر نظر میں چمک رہی ہے
تمھارا ابر بط یہ کہہ رہا ہے
کہ گیت بندوق سے بڑا ہے

الوداع

اگر میں مر جاؤں
تو بالکنی کھلی چھوڑ دینا
ننھا بچہ نارنگی کھا رہا ہے
(میں بالکنی سے اسے دیکھ سکتا ہوں)
کسان گندم کی فصل کاٹ رہا ہے
(میں بالکنی سے اسے سن سکتا ہوں)
اگر میں مر جاؤں
تو بالکنی کھلی چھوڑ دینا

گریہ وزاری کا قصیدہ

میں نے اپنی بالکنی بند کر دی ہے
کیونکہ میں گریہ سننا نہیں چاہتا
لیکن خاکستری دیواروں کے عقب سے

گریہ وزاری کے سوا کچھ سنا نہیں جاتا

فرشتے چند ہیں جو گاتے ہیں
کتے چند ہیں جو بھونکتے ہیں
میرے کف دست میں ہزاروں وائلن ہیں

لیکن گریہ ایک بڑا کتا ہے
گریہ ایک عظیم فرشتہ ہے
گریہ ایک بے پناہ وائلن ہے

آنسوؤں نے ہوا کا منھ بند کر دیا ہے
سوائے گریہ وزاری کے کچھ نہیں سنا جاتا

[بشکریہ 'عشق آباد ڈاٹ کوم']

صحیح دروازہ

صدیق عالم

مجھے سنو!
اور میرا یقین کرو
میرا وطن
انصاف کے نغموں کا پیاسا ہے
تمھیں میرا یقین ہو تو
آؤ!
ہم ایک نیا نسخہ تیار کریں
جب ابنائے وطن
اُلٹے لٹکائے جا رہے ہوں
خاموشی کے ساتھ
نئے دنوں کی شروعات ممکن نہیں
مجھے افسوس ہے
میں نے کچھ راکشس دیکھے ہیں
وہ مجھ سے زیادہ
خوب صورت ہیں اور خوش نصیب
وہ سنے جاتے ہیں
لاکھوں کی تعداد میں
ہزار چہروں کے مالک ہیں وہ
مگر حیرت انگیز ہیں وہ لوگ
جو بغیر آنکھوں والے ہیں

وہ کبھی بھی دیکھ سکتے ہیں
شاید میں نے
خزاں رسیدہ پیڑوں کو
لمبے عرصے تک
زمیں بوس ہوتے دیکھا ہے
میں نے احتجاج کے لیے
جس دن کا تعین کیا تھا
لوگوں نے اسے ایک
استعمال شدہ کپڑے کی طرح
دُھلنے کے لیے پرے رکھ دیا ہے
اگر تمھیں یقین ہے
تم گیت گا سکتے ہو
تو تمھیں لفظوں پر پڑی زنجیروں کی
شناخت کرنی ہوگی
اگر سہی دیکھنا چاہتے ہو تم
لینس پر پڑی گرد ہٹانی ہوگی
صورت حال اس قدر مایوس کن بھی نہیں
جب انصاف گاہوں کے انگنت
دروازے ہوں
اور ہمیں صحیح دروازے تک پہنچنا ہے
تو ایک سلیٹی آسمان کے نیچے
شانہ بہ شانہ ایک لمبا فاصلہ طے کرنا ہوگا
اور میں یقین دلاتا ہوں
یہ فاصلہ حیرت انگیز واقعات سے پُر ہے

[بشکریہ 'ریختہ ڈاٹ او آر جی']

صحرا
ادونیس
ترجمہ: ارشد عبدالحمید

کھو جاتے ہیں شہر
اور دھرتی کی گاڑی
لد جاتی ہے مٹی سے
صرف شاعری کے پاس ہیں
کلام اس منظر کے

کوئی رہ گزر نہیں اس گھر کی
ہر سمت قید
اور اس کا گھر قبرستان
کچھ دوری پر عین چھت کے اوپر
حیران سا
ریت کے دھاگوں سے لٹکا چاند

کہا میں نے
کہ یہی میرے گھر کا راستہ ہے
اس نے کہا: نہیں
تم ادھر سے نہیں جا سکتے
اور میری طرف سادھا اس نے
اپنی گولی کا نشانہ
ٹھیک ہے

سارا بیروت میرا دوست
اور سارے گھر میرے

سڑکیں ہیں اب خون کی مترادف
خون
جس کی بات وہ لڑکا کر رہا تھا
اپنے دوستوں سے سرگوشی میں
کہ آسمان پر اب کچھ نہیں بچا
رہ گئے ہیں رخنے
جنھیں ہم کہتے ہیں ستارے

کیسے کومل سُر تھے شہر کے
کہ ہوا کے پاس بھی نہ تھے ایسے تار
دمکتا رہتا تھا چہرہ شہر کا
جیسے کوئی بچہ رات کے گھر جانے پر
سجاتا کوئی خواب
جیسے کرسی پر بیٹھا وداع کرتا صبح کو

انھیں لوگ ملے تھیلوں میں بند
کوئی سر سے عاری
کوئی ہاتھ اور زبان سے محروم
کوئی دم توڑتا
اور باقی مسخ شدہ، بے نام
پاگل ہو؟
خدا کے لیے ان سب پر مت لکھو
کتاب کا ایک ورق
خود بخود اس کے عکس میں جھانکتے بم
اور جھانکنے لگتیں

پیشین گوئیاں اور نیست و نابود ہو جانے کی کہاوتیں تمام
متعدد شیشے کتابوں سے جھانکتے
ایک قالین لفظوں سے گونتھا ہوا
ہو جاتا تار تار اور گرتا شہر کے چہرے پر
یادوں کی سوئی پھسل جاتی ہاتھ سے
ہوا کے بہانے کوئی قاتل شہر کے درد میں تیرتا
اس کا زخم ہی جیسے اس پر ٹوٹ پڑا ہو
اس کے نام پر
جیسے اس کے نام کی شریان سے
چھوٹ گئی ہو خون کی دھار
اب جو رہ گیا ہمارے اطراف
گھر اپنی دیواریں چھوڑ آئے پیچھے
میں بھی اب میں نہیں رہا

ممکن ہے اک دن ایسا وقت آئے
کہ گونگا اور بہرا بن کر جینا پڑے
شاید تمھیں بدبدانے کی چھوٹ ہو
اور تم بدبداؤ
موت اور زندگی
قیامت
اور السلام علیکم

کھجور کی شراب سے اس صحرا کے اجڑے سناٹے تک وغیرہ وغیرہ
اس صبح کو جو اپنی ہی آنتوں کی اسمگلر نکلی
اور باغیوں کی لاشوں کی نیند وغیرہ وغیرہ
شہر کی گلیوں، سڑکوں، جوانوں اور افواج وغیرہ کو
مردوں اور عورتوں کی پرچھائیں سے

توحید پرستوں کی دعاؤں میں چھپے بم اور کافر وغیرہ وغیرہ
لوہے سے رستے لوہے اور گوشت وغیرہ
قلعے جنھوں نے ہمارے جسموں کو
دیواروں میں کس دیا
اور اندھیروں سے ڈھک دیا وغیرہ وغیرہ
مردوں کے بیان سے جو کبھی زندگی کی بات کرتے تھے
جو ہماری زندگی کی ناؤ کھیتے تھے
وغیرہ وغیرہ
قتل وغارت کا چرچا، گلے چیرنے والے آرے وغیرہ
اندھیروں سے اندھیرے... اندھیروں تک
میں سانس لیتا ہوں
چھو کر دیکھتا ہوں اپنا بدن
تلاش کرتا ہوں خود کو
اور تمھیں اور اسے اور انھیں
اور اپنے چہرے، اپنی لہولہان باتوں کے بیچ کہیں
چڑھا دیتا ہوں خود کو موت کی سولی پر وغیرہ

دیکھو گے تم؟ پکارو گے اس کا نام
کہو گے تم
کہ ہاتھ بڑھا کر تم نے ہی اس کے چہرے کو کھینچ دیا
یا مسکراؤ گے
یا کہو گے کہ خوش تھا کبھی میں
یا کہو گے کہ تھا میں کبھی اداس
دیکھو گے تم
کہ اب وہاں کوئی دیس نہیں

قتل وخوں نے بدل دی ہے شہر کی ہیئت

پتھر کو کھو گے بچے کا سر

اور یہ دھواں جو ہمارے پھیپھڑے اگل رہے ہیں

ہر بات بیاں کرے گی ہماری جلاوطنی

یہ دریا خون کا

اور کیا امید کرو گے اس صبح سے

کہ اب اس کی رگوں میں

بہتا ہے اندھیرا

کہ اب اس کے جزر میں سیلاب ہے قتال کا

جاگتے رہو اس کے ساتھ

ختم مت ہونے دو

موت کو اپنی گود میں لیے وہ الٹ رہی ہے دن

پھٹے اوراق

اس کے جغرافیہ کی آخری تصاویر کی حفاظت کرو

ریت میں لوٹتی اور پٹکتی ہوئی اپنا تن

آگ کی لپٹوں کے سمندر میں

آدمی کی کراہ کے چھالے

اس کے تن پر چھلک آئے ہیں

تخم پر تخم گرتے ہیں زمین پر

زمینیں ہماری کہانیوں سے پیٹ بھرتی ہیں

خون کے اسرار کی کرتی ہیں رکھوالی

میں بات کر رہا ہوں موسم کی خوش مکانی کی

اور آسمان پر کوندتی ہیں بجلیاں

شہید چوک: راز کھول رہی ہے اس پر کندہ عبارت کی سرگوشی

کہ دھماکوں نے پلوں کا کیا کیا

شہید چوک: غبار اور آگ کے درمیاں

اک یاد ہو رہی ہے متشکل
شہید چوک: اک کھلا صحرا جسے ہواؤں نے منتخب کیا
اور قئے کی طرح الٹ دیا
شہید چوک: آہ! کتنا سحر آگیں ہے کہ ملتے ڈلتے ہیں
لاشوں کے اعضا گلی میں
اور دوسری گلی میں ان کے آسیب
ان کی کراہ سنتے
شہید چوک: مغرب اور مشرق اور ان کے پھانسی کے تختے
شہید اور حکم
شہید چوک: بھیڑ کا کارواں، عرب کا لوبان اور گوند
گرم مسالوں کی خوشبو اور تیوہاروں کی دعوتیں
شہید چوک: جگہ کی یاد میں وقت کو بھول جاؤ
--لاشیں یا تباہی
--کیا یہی صورت ہے بیروت کی
--اور یہ گھنٹہ ہے یا چیخ
--ایک دوست؟
--تم؟ خوش آمدید
--کیا تم سفر میں تھے؟
--کیا تم لوٹ آئے ہو؟
--نیا کیا لائے ساتھ؟
--کیا پڑوسی مارا گیا...

--

--ایک کھیل
--تمھارا پانسہ گرا لکیر پر
--اوہ! محض اتفاق
اندھیرے کی پرتیں
اور جتنے منہ اتنی باتیں

مزاحمتی نظمیں
83

بابے یار

یوگینی یوتوشینکو

ترجمہ: اشعر نجمی

جنگ نہ صرف حال اور مستقبل کو متاثر کرتی ہے بلکہ یہ ماضی کو بھی بدل دیتی ہے۔ آج سے تقریباً اکیاون سال قبل 29 اور 30 ستمبر 1941 کو نازیوں نے یوکرین کے دارالحکومت 'کیوؤ' (Kyiv) کے بجائے 'بابے یار' کے مقام پر 34000 یہودیوں کا تعاقب کیا اور انھیں قتل کر دیا۔ اس واقعے کے ٹھیک 20 سال بعد اگست 1961 میں مشہور روسی شاعر یوگینی یوتوشینکو نے اپنی لازوال نظم 'بابے یار' لکھی۔ تقریباً اکیاسی سال بعد ولادیمیر پیوتن نے پھر اسی بابے یار کو تباہ کر کے لاتعداد بے گناہ لوگوں کو موت کے گھاٹ اتار دیا ہے۔

بابے یار میں کوئی یادگار جگہ نہیں ہے
ایک مبہم بے ہنگم عمودی چٹان ہے
میں خوفزدہ ہوں
آج میں خود کو اتنا ہی قدیم محسوس کر رہا ہوں
جتنی کہ یہودی قوم ہے
لگتا ہے میں بھی یہودی ہوں
بھٹکتا ہوا قدیم مصر میں
صلیب پر چڑھا ہوا تباہ
جسم پر جڑی ہوئی کیلوں کے نشان لیے
میں ڈریفس ہوں
فلسطینی خبری اور منصف دونوں
سلاخوں کے پیچھے قید
ہر طرف سے چوٹ کھایا ہوا

شکار کیا گیا
تھوکا گیا
رسوا
چیخا چلایا کھکیایا گیا
بریسلز لیس سے سجی ہوئی نازک عورتوں کے ذریعہ
چہرے پر چھتریوں سے گودا گیا
میں بائیلوستوک کا وہ
ننھا بچہ بھی ہوں
کافی خون میرا فرش پر پھیلتا جاتا ہے

وودکا اور پیاز کی بُو پھیلاتے
شراب خانے کے وہ موالی ہنگامے میں ملوث
مجھے جوتوں سے روندا گیا، بے سہارا، کمزور
درکنار کیا گیا ایک طرف

بے کار ہی قاتلوں سے رحم کی بھیک مانگتا میں
وہ طعنے کستے چیختے
'مارو مارو سالے یہودیوں کو، روس بچاؤ'
ایک بنیا میری ماں کو مار رہا ہے
"اے میرے روسی بھائیو!
میں جانتا ہوں
تم لوگ کتنے 'انترنیسیونال' ہو
لیکن تمھارے ہاتھ گندگی سے آلودہ ہیں
میں تمھارے پاکیزہ نام کو
لطیفہ بنانے پر آمادہ ہوں

مجھے اپنی زمین کی تہذیب معلوم ہے
لیکن یہودیوں کے یہ مغرور دشمن

کتنی بے شرمی سے خود کو
روسی ری پبلکن یونین بلاتے تھے''

لگتا ہے میں این فرینک ہوں
اپریل ماہ کی ٹہنی کی طرح شفاف
اور میں ایک عاشق ہوں
مجھے کسی لفاظی کی ضرورت نہیں

مجھے ضرورت ہے ایک دوسرے کی
آنکھوں میں جھانکنے کی
یوں بھی ہم
کتنا کم دیکھ یا سونگھ پاتے ہیں
ہمیں پھول پتّیوں سے
آسمان سے محروم رکھا جاتا ہے

ہم کتنا کچھ کر سکتے ہیں...
پیار سے
ایک دوسرے کے گلے لگ سکتے ہیں
اندھیرے کمرے میں

وہ آرہے ہیں یہاں؟
ڈرو مت
موسم بہار کی دہاڑ ہے
آمد بہار ہے یہاں

تو آؤ میرے پاس
فوراً، اپنے ہونٹ دو مجھے
دروازہ توڑ رہے ہیں وہ لوگ؟
نہیں، یہ برف چیخ رہی ہے

بابے یار میں جنگلی گھاس کی سرسراہٹ ہے
پیڑ خوفناک لگتے ہیں منصفوں کی طرح

یہاں چیزیں ہولے سے چیختی ہیں، ٹوپی اُتار کر، سفید ہوتے بال
اور میں سر کا بوجھ ہلکا کرتا ہوا
دھیرے سے محسوس کرتا ہوا
خود کو خاکی، اور
میں جو بغیر آواز کے ایک زبردست چیخ ہوں
یہاں ہزار ہا ہزار دفن لوگوں میں
ہر ایک وہ بوڑھا ہوں
جسے گولی ماری گئی
میں ہر وہ بچہ ہوں
جسے بھونا گیا
مجھ سے کبھی نہ بھولا جائے گا
'انٹرنیسیونال'، سنائی پڑے یہ دہاڑ
تب تک جب تک کہ
وہ ہر یہودی مخالف
ہمیشہ کے لیے زمین میں دفن نہیں کر دیا جاتا
میری شریانوں میں یہودی کا خون نہیں دوڑتا
یہ یہودی مخالف بے رحم ناراض لوگ مجھ سے اب
مجھے یہودی مان کر نفرت کرتے ہیں
اس اعتبار سے میں اب مکمل طور پر
اصلی روسی ہوں!

صدف اقبال تم کون ہو اور کہاں سے آئی ہو (طویل نظم)

صدف اقبال

(1)

صدف اقبال تم کون ہو اور کہاں سے آئی ہو
صدیوں کی مسافت طے کرتی
ہماری نگری میں
کس جہاں سے آئی ہو
کیا تم سیریا کی مہاجر ہو
جس کے چہرے پہ نفرت کی خراشیں ہیں
آنکھوں میں وحشت دل میں اضطراب ہے
کیا ہے کہ تمھیں یک گونہ سکون نہیں ہے
لڑتی پھرتی ہو سارے زمانے سے
کبھی عظیم آباد کی سڑکوں پر اردو کی صدا بلند کرتی ہو
کبھی اخبار کے صفحات پر بے چین روح کی طرح نظر آتی ہو
کبھی کسی جلسہ گاہ میں غضب ناک تقریریں کرتی نظر آتی ہو
کبھی کسی کچے گھر میں دلتوں کے حال پہ فکر مند دکھائی دیتی ہو
اور کبھی تنہائی میں خود سے گفتگو کرتی ہوئی چپکے چپکے روتی ہو

کیا تم گجرات سے آئی ہو
جس کے خاندان کو اس کی آنکھوں کے سامنے تہ تیغ کر دیا گیا
کسی حاملہ بہن کا پیٹ چیر کر نامکمل وجود کو نیزے پہ اچھالا گیا
کیا تم آگ اور خون کا دریا پار کیا ہے

کیا محسوس کرتی ہو تم
جب اردو کی لاش پر بیٹھے بے رحم گدھ اس کی آنکھوں کو نوچتے ہیں
میں نے دیکھا ہے تم روتی نہیں ہو
تمھاری آنکھیں شعلہ بار ہو جاتی ہیں
جسم پر رعشہ طاری ہو جاتا ہے
اور تم گِدّھوں کے وجود کو فنا کر دینا چاہتی ہو

صدف اقبال کیا تم فلسطین سے آئی ہو
جہاں معصوم بچوں کے ہاتھوں میں سنگ ریزوں کو دیکھ کر تم بے چین ہو اٹھتی ہو
لیکن تم بم کے خلاف پتھر اچھالنا نہیں چاہتی
ایک ایسی آگ پیدا کرنا چاہتی ہو
جس میں جل کر ظلم ہمیشہ کے لیے خاکستر ہو جائے

صدف اقبال یہ یاد رکھو
تم بہار کے ایک چھوٹے سے گاؤں کی مٹی سے جنمی ہو
جہاں عورتیں گٹھری بنی اپنے پتی کا انتظار کرتی ہیں
ان کی مار سہتی ہیں
اور
نفرت کے جواب میں خوشی خوشی ان کے آگے گرم تازہ کھانا پروستی ہیں
شاید تم وہی ہو
جو صدیوں سے چہرے پہ مسکراہٹ لے کر غم کے سمندر کو سمیٹے ہوئے ہے

صدف اقبال تم ویشالی کی نگر ودھو تو نہیں
جس کے حسن کی ستائش تو سبھی کرتے ہیں
لیکن
اس کی شخصیت کا اعتراف کوئی نہیں کرتا
صدف اقبال ویشالی کی نگر ودھو تم ہی تو تھیں
جس نے بدھ کو راجگرہ میں ساون ون دان دیا تھا

صدف اقبال تم جنگل، پہاڑوں اور صحراؤں میں
ایک بھٹکتی آتما کی طرح کیوں گھومتی ہو
کسے تلاشتی ہو
کیا تم نہیں جانتی کہ شاعر مشرق نے کہا ہے
'نہیں اس کھلی فضا میں کوئی گوشۂ فراغت
یہ جہاں عجب جہاں ہے نہ قفس نہ آشیانہ'

صدف اقبال تم روشنی کی تلاش میں نکلی ہو
جب کہ سورج ڈوب چکا ہے
اور کائنات پہ اندھیرا محیط ہے
تاریک پانیوں کی تلاش بھی فضول ہے
جس پر خدا کبھی سانس لیتا تھا

(2)

صدف اقبال تم کون ہو اور کہاں سے آئی ہو
کیا تم محبت کی دیوی ہو
کیا تم لال قلعہ پر کھڑی ہو کر اعلان کرنا چاہتی ہو
لال قلعہ جو عروج وزوال کی داستانوں کا گواہ رہا ہے
تمھیں کچھ علم ہے کہ اناالحق کی صدائیں بلند کرنے پر سر قلم کر دیے جاتے ہیں
صدف اقبال کیا تم کشمیر کی برفیلی وادیوں سے آئی ہو
جہاں برف پر لہو کی چھینٹیں ہیں
روپہلی چاندنی میں انسانی قلب کے سیاہ دھبے ہیں
وہی دھبے جو پیلٹ گن کی نالوں سے نکلے چھروں سے بنتے ہیں
دھبے بنتے ہیں معصوم بچوں کے چہروں پر
کر دیتے ہیں بے نور ان کی آنکھوں کو

صدف اقبال تم وہی ہو جس نے دیکھا ہے
معصوم بھیڑوں کو سنگینوں کے سائے میں

تمھیں تو ہو جس کی عصمت کو برفیلے کشمیر میں تارتار کیا گیا
صدف اقبال تمھارا چہرہ زرد کیوں ہے؟
اس اجنبی سرحد پر کھڑی کن راستوں کو تلاش کرتی ہو
راستے جو طویل دھند کی تہوں میں پوشیدہ ہیں
کیا تم بجھے آکاش کے نیچے دیے کی تلاش میں ہو
صدف اقبال تم وہی تو نہیں جس نے منھ زور ہواؤں سے لڑنے کا ارادہ باندھ رکھا ہے
دیے کی روشنی مختصر ہی سہی جلانے کا ارادہ باندھ رکھا ہے

صدف اقبال کیا تم برما کی روہنگیا عورت ہو
جس کے معصوم بچوں کو قبروں میں زندہ گاڑ دیا گیا
جس کے شوہر کو اس کی آنکھوں کے سامنے جلا دیا گیا
تم وہی تو ہو جس نے اپنے شوہر کے چتا کے شعلوں میں
مسکراتے ہوئے بدھ کو دیکھا
جلتی ہوئی لاشوں کے چرائند کے درمیان تتھاگت
اسی ابدی سکون سے آنکھیں بند کیے بیٹھے رہے

تم وہی تو ہو جس نے ہر لمحہ سوچا
کہ بودھ گیا کے جنگلوں کی شانتی میں اگر نروان پراپت ہو سکتا ہے تو
آگ اور خون کی وحشت اور شیطانی رقص کے درمیان
تتھاگت کے ہونٹوں پر مسکان اور ابدی سکون کیسے ہو سکتا ہے
نروان کا حصول، نروان کا تیاگ دونوں ممکن ہے
صدف اقبال تم لال قلعے سے محبت کا اعلان کیسے کر سکتی ہو
نظریں گھما کر دیکھو جامع مسجد کی گلیوں کو
جہاں گئو رکھشک رقص جنوں کرتے ہوئے انسانوں کو ذبح کر رہے ہیں

صدف اقبال تم وہی تو نہیں
جس کے دو بھائیوں کو جھارکھنڈ کے جنگل میں گلے پر پھندہ ڈال کر پیڑ کی شاخ سے
لٹکا دیا گیا تھا

صدف اقبال تم چاندنی رات میں تاج محل کو کیوں دیکھنا چاہتی ہو
کہ احساس جمال سے عاری درندے اس پر سیاہی پھیر دینا چاہتے ہیں
صدف اقبال تم وہی تونہیں جو پلٹ کر دیکھتی ہے
اپنی تاریخ کی عظمت کے نشاں
دیکھتی ہے قطب مینار
پرانا قلعہ
غالب کا مزار
دیکھتی ہے دیوان عام
آگرہ کا قلعہ
دیوان خاص
جودھا کا محل
دیکھتی ہے سنگ مرمر سے تراشی موتی مسجد
دیکھتی ہے اجمیر کا مزار
نظام الدین اولیا کا رقص
صوفیوں کے مقبرے
کیا واقعی دیکھتی ہے صدف اقبال

پلٹ کر دیکھو
تاریخ کے صفحات سے حروف مٹتے جاتے ہیں
اور زمین کی نشانیاں فنا ہو رہی ہیں
صدف اقبال تمھاری کوئی تاریخ نہیں تھی
دیکھو تم لال قلعے پر نہ جانا
کہ اردگرد زعفرانی زبانیں لہراتے
ہاتھوں میں ترشول لیے قاتل گھوم رہے ہیں
تم محبت کا اعلان کبھی مت کرنا
ورنہ وہ تمھاری زبان کاٹ کر
تمھیں برہنہ کر کے دلی کے بازاروں میں نچائیں گے

تم کبھی نہ کہنا کہ یہاں کچھ لوگ زندہ ہیں
کچھ روحیں باقی ہیں
لفظ اعتبار کو کسی قبرستان میں دفن کر کے اس پر ایک تصویر لگا دینا
جس سے نفرت اور انتقام کا انکور پھوٹے
صدف اقبال تم مرنا نہیں
صرف لڑنا

(3)

کشمیر کی جنّتی فضا میں
جب جاڑوں کا کہرا چھاتا ہے
اور برف کے گالے چنار کے درختوں کو ڈھک لیتے ہیں
ہر منظر اجلا اجلا دکھتا ہے
تو صدف اقبال تم ہی تو ہو
جو حبّہ خاتون بن کر
محبت کے، معرفت کے، نجات کے نغمے گاتی ہو
تب وقت ہولے سے تھم جاتا ہے
عشق کا ریشم کائنات کو ڈھک دیتا ہے
ہوائیں ریشمی پیرہن میں نرم روی سے بہتی ہیں
صدف اقبال تم کون ہو اور کہاں سے آئی ہو

تمّ آٹھ سال کی آصفہ تو نہیں
کیا یہی آصفہ حبّہ خاتون بنے گی
جو اپنی بھیڑوں کو کٹھوا کے جنگل میں چرانے جاتی ہے
جنگل، ندی، پہاڑ، جھرنے کے نغمے گاتی ہے
ٹھہرتی ہے کسی جھیل کے کنارے
اپنی بے زبان، معصوم بھیڑوں کے ساتھ
اپنا ہی عکس دیکھ کر مبہوت ہو جاتی ہے

صدف اقبال مندر کی پشت پر تمھاری خون میں شرابور لاش
کیا کر رہی ہے؟
تمھارے ہونٹوں کو کس نے کچل ڈالا ہے
تمھاری خوبصورت، ساحر زندگی سے لبریز آنکھوں کو
گدھ اپنی چونچ میں دبا کر سوکھی شاخ پر جا بیٹھے ہیں
بھیڑیوں میں ٹھنڈے گوشت کو نوچنے کی جنگ چھڑی ہے
اے صدف اقبال
اے حبّہ خاتون
اے معصوم آصفہ
تیرے ہونٹوں سے گیت کے مدھر بول کیسے نکلیں گے
اس ندی اس جھرنے کو موسیقی کون دے گا
ہوائیں گم سم بے زبان ہو جائیں گی
تمھارے معصوم لہو کی آگ سے
چیڑ کے درختوں پر اب برف شاید ہی ٹھہرے

صدف اقبال تمھیں یہاں کس نے پہنچایا
کس نے تمھیں مندر کی کوٹھری میں باندھ رکھا ہے
تم نے موت سے بند ہوتی آنکھوں سے دیکھا ہے
اپنے سامنے ایک قانون کے محافظ کو
تم خاکی وردی کی پناہ میں جانا چاہتی ہو
مگر روح کانپ اٹھی تمھاری، خونی آنکھ اور لمبے ناخن دیکھ کر
یہ کیوں بڑھ رہا ہے تمھارے نیم مردہ جسم کی طرف
وادی کا اجلا منظر خوں رنگ کیوں ہے
کیوں برف چھوتے ہی سرخ رنگ میں تبدیل ہو کر بھاپ بن کر غائب ہو جاتا ہے
اے صدف اقبال اے آصفہ تم تو مر چکی ہو
پھر برف کے درمیان کیوں گھسٹ رہی ہو تم
سفید چاندنی میں برف پر پھیلتی سرخی

کسے خاموش صدا دیتی ہے؟
خدا تو ساتویں آسمان سے پرے کسی اور جہاں کو بنانے میں مصروف ہے
اسے جنت اور دوزخ کے انتظامات بھی دیکھنے ہیں
اسے کہاں فرصت جو تمھارے لہو کی پکار سن سکے
صدف اقبال کیا تم اناؤ سے آئی ہو
جس کی عصمت
تمھارے رہنما نے تار تار کر دی
کیا تم وہی ہو
جس کے باپ کو جیل میں مار دیا گیا
صدف اقبال جب تم آواز اٹھاتی ہو
تو وہ جے شری رام کہتے ہیں
جب تم انصاف مانگتی ہو
تو وہ
بھارت ماتا کی جۓ کہتے ہیں
صدف اقبال کہیں تم سیتا تو نہیں
جسے راون اٹھا لے جاتا ہے
اور جس سے
رام اگنی پریکشا مانگتا ہے

(4)

صدف اقبال تم آریہ ورت کے ہماوت کی وادی کی دھند سے نکل کر
چنچلتا سے اٹھکھیلیاں کرتی وہی گنگا تو نہیں
جو برف پوش چوٹی کیلاش پر دھونی رمائے نیل کنٹھ کی جٹاؤں سے نکلی
جس کا سواگت دیودار کے چکنے، پوتر درختوں نے کیا
چنار کے جنگلوں نے سرخ ہو کر جس کی آرتی اتاری
صدف اقبال تم کون ہو اور کہاں سے آئی ہو؟

ذرا بتاؤ کیا تم گنگا ہو
جو میدانوں میں پھیلی تو
سنسکرت اور سنسکرتی نے جنم لیا
تم ہی نے تو ارتھ شاستر، کام سوترا اور اشٹھ ادھیائے لکھوایا
بھاشا کو پوتر بنایا
لیکن شانتی سے تہذیب کی رچنا کرتے ہوئے جب تم نے بنارس کو جنم دیا
تو کس نے تم کو اور بنارس کو بندھک بنالیا

صدف اقبال ذرا بتاؤ
کس نے تمھاری کایا کا روپ کروپ کر دیا
کس نے تمھارے رے نشچل سوروپ کو گندا کر دیا
کون ہے جس نے گنگا کو مار دیا
بنارس کو ہر لیا
صدف اقبال تم تو وہی گنگا ہو
جس کی لاش کو ڈوم راجہ بھی چتا پر رکھنے سے انکار کرتا ہے
ایک راکشش تمھاری درگندھ کا ہرن کرنے کے نام پر
آریہ ورت کو لوٹ رہا ہے
اب ڈوم راجہ بھی غائب ہے
اور تمھاری لاش سڑ رہی ہے
اب بتاؤ، تمھاری مکتی کیسے ہوگی

صدف اقبال تمھاری بے چارگی کہتی ہے کہ
تم وہ ہزاروں گائے تو نہیں جو گؤشالاؤں میں مر گئیں
جنھیں ٹرکوں میں لاد کر گنگا میں پھینک دیا گیا
اور تم گنگا میں سڑ رہی ہو مردہ مچھلیوں کے ساتھ
راکشش بہت زور سے قہقہہ لگا رہا ہے
اس کی آنکھیں چمک رہی ہیں

اس کے دانت بھیڑیے کی طرح باہر نکلے ہوئے ہیں

صدف اقبال وہ تمھارے بدن کو ٹکڑوں میں بدل کر
تمھارا مانس اخلاق کے ریفریجیٹر میں رکھ رہا ہے
وہ بنارس کے چوراہے پر کھڑا ہو کر اخلاق کی موت کا اعلان کرتا ہے
بچے تالیاں بجاتے ہیں
وہ خواب دکھاتا ہے
میں بنارس کو پیرس بناؤں گا
صدف اقبال تم وہ غریب بڑھیا تو نہیں جو نوٹ بندی کے بعد
اے ٹی ایم کی لائن میں
اپنا آخری سو روپیہ نکالنے کے لیے سورج کی آگ میں جل کر مر گئی
راکشش نے تمھارا وہ انتم سو روپیہ اپنے لہو ٹپکاتے دانتوں میں دبالیا
صدف اقبال ذرا سنو!
کہا گیا کہ تم بدیسی ہو
تم تلوار، بھالے، بندوق، توپ اور تیر لے کر آئی ہو
تم نے آریہ ورت کو لوٹا
وہ تم ہی تو ہو جو وسط ایشیا سے مغل بن کر آئی تھیں
اور آٹھ سو سال تک زندہ رہیں
تم نے سمرقند اور بخارا میں تاج محل نہیں بنایا
تمھارا قطب مینار دلی میں ہے
تم نے اپنے بیٹوں کا مقبرہ بھی یہیں بنایا
اور تم ہی تو ہو جس نے باجی راؤ کو اپنا پتی مانا
وہ بھی تم ہی تھیں جس نے جوہر کی آگ میں اپنی جان دی
تم ستی بھی ہوئی
لیکن راکشش غصے میں ہے
ناگ بن کر
ڈستا جا رہا ہے ہر اس استھان کو جہاں گنگا ملتی ہے جمنا سے

صدف اقبال تم خوشونت سنگھ کی کتاب کی وہ گائے تو نہیں
جسے انیس سو سینتالیس میں دلی کے بازار میں دوڑایا جا رہا ہے
ایک غیر مرئی گائے، جو کبھی نظر نہیں آئی
لیکن اس کے دوڑانے والوں کو پکڑ کر جھٹکا دے دیا جاتا ہے
تم وہ گائے تھی یا وہ انسان، جنھیں جھٹکا دیا گیا
صدف اقبال ذرا بتاؤ
تم جو بھی ہو اور جہاں سے بھی آئی ہو
تمھیں پتہ ہونا چاہیے کہ
یہ جگہ اب راکششوں کی آماجگاہ ہے
بھیڑ اچانک پاگل ہو جاتی ہے
سرخ آندھیاں چلنے لگتی ہیں
سڑک پر تمھیں ننگا کر دیا جاتا ہے
تمھارے جسم کی دھجیاں اڑائی جاتی ہیں
تم سے کہا جاتا ہے
فخر سے کہو تم کیا ہو
تم نہیں کہتیں
پیٹتے پیٹتے تمھیں مار دیا جاتا ہے
صدف اقبال کہیں تم وہ کتا تو نہیں جو گاڑی کے نیچے آ جاتا ہے
صدف اقبال اچھا ہے لوٹ چلو
جنگل کی اور، دیودار کے ورکشوں کی طرف، مہادیو کی جٹاؤں کی پناہ میں
ایک اور ہجرت کی طرف
شاید تمھاری پوترتا پھر سے بحال ہو جائے
اتہاس میں ایک نئی گنگا کا پھر سے اُدے ہو

(5)

سوال ایک ہے جو دائرہ در دائرہ ابھرتا ہے

دائرے گنجان ہوئے جاتے ہیں
یہ کون ہے آخر جو بار بار تم سے یہ سوال کرتا ہے
صدف اقبال وہ ایک نہیں ہے، انیک ہیں
ایک ہجوم ہے جو تم سے تمھاری مٹی کا رشتہ پوچھ رہا ہے
تم سے ایک ہی سوال کرتا ہے
صدف اقبال تم کون ہو اور کہاں سے آئی ہو؟

ہزاروں سال پہ محیط اس مٹی کی کہانی میں دفن تمھارا وجود
آج بھی اسی ایک ہی سوال کے گھیرے میں ہے
ہجوم جس کی آنکھیں خوں آشام ہیں
ہاتھوں میں ترشول، گنڈاسے، تلوار اور بندوقیں ہیں
وہ تم سے تمھارے ہونے کا پتہ پوچھتے ہیں
کہیں دور صحراؤں میں گھوڑے کے سموں کی آوازیں ابھرتی ہیں
کہیں کوئی سر تن سے جدا ہوتا ہے
کہیں غول بیابانی معصوم انسانوں پر حملہ آور ہوتے ہیں
کہیں کوئی کہہ رہا ہے
میر عرب کو ٹھنڈی ہوا کے جھونکے آ رہے ہیں

صدف اقبال تم تو جانتی ہو کہ تم اسی مٹی سے اٹھی ہو
جس کی سطح کو چھو کر سرد ہوائیں
صحرائے عرب کی طرف گامزن ہیں
صدف اقبال یہ اچھی طرح جان لو
تم محمد بن قاسم بھی نہیں
نہ ہی تم حجاج بن یوسف ہو
وہ تمھیں بابر کہتے ہیں
لیکن تم بابر نہیں رانا سانگا ہو
وہی رانا سانگا جس نے اس دھرتی پر بابر کو بلایا

اس کا سواگت سمان کیا

جب وہ تم سے یہ پوچھتے ہیں
صدف اقبال تم کون ہو اور کہاں سے آئی ہو؟
تو تمھاری نگاہیں پلٹ کر کئی ہزار سال پیچھے کی طرف دیکھتی ہیں
جہاں ماضی کا اندھیرا ہے
اور اس اندھیرے سے
بجلی کی چمک اور بادلوں کی گرج ابھرتی ہے
وہ دیکھو اِندرا اپنے ہاتھوں میں رعد لپیٹے چلا آتا ہے
یہ کس کی فوج ہے جس نے تمھارے
موہن جو داڑو اور ہڑپا کو مسمار کیا
تمھارے مندروں کو تاراج کیا
یہ آسمانی خدا والے کون تھے
کہیں وہ اجنبی آریہ تو نہیں تھے

صدف اقبال تم تو اسی مٹی کی نگر نرتکی ہو
جس کی لاش تیر رہی ہے
پاک تالاب کے رنگین پانیوں پر
اب وہ پوچھتے ہیں
تم کون ہو اور کہاں سے آئی ہو
وہ بھیڑ بڑھ رہی ہے غضب ناک ہو کر
تم کو تمھاری ہی دھرتی سے جدا کرنے
صدف اقبال ہزاروں برچھیوں کے وار سے گھائل سسک رہی ہے
ایک بوند گنگا جل کے لیے
اور لگا رہے ہیں نعرے
نشے کی بدمستی میں وہ بھی
انت کر دیا ہم نے

ایک اور آتنک وادی کا
صدف اقبال تم جو بھی کہو تمھاری کون سنے گا
اب آسماں تنگ ہو چکا ہے
اور
یہ زمیں حرام کر دی گئی ہے تم پر

(6)

صدف اقبال تم یہاں کیوں بھٹک رہی ہو
اس بیکراں مہیب جنگل میں
جہاں دور دور تک
گھنگھور اندھیرے کے سوا کچھ بھی نہیں ہے
کل ہی تو پیپل کے ہزاروں سال پرانے
درخت کے نیچے بیٹھے شکن زدہ بوڑھے نے بتایا تھا
اس بیکراں مہیب جنگل کی جگہ
بستیاں تھیں، نگر تھے
انسان تھے، بچوں کی کلکاریاں تھیں
صبح پر نور اور شامیں رنگین تھیں
زندگی تھی
محبت تھی
نفرت تھی
قہقہے تھے
اور جانور تھے

پھر کیا ہوا صدف اقبال
انسان یکایک ہواؤں میں کہاں غائب ہو گئے؟
بچوں کی کلکاریاں سہم کر کیوں معدوم ہو گئیں
صرف لہو تھا اور آگ کی بارش
جسم خاک میں مل کر کھاد بنتے رہے

سرخ مٹی نے سرخ پودے اُگائے
اور سرخ گھنا جنگل پسر گیا
صدف اقبال تم اپنے زخمی پاؤں لیے
اس انت ہین جنگل کے مہیب اندھیرے میں
مہابھارت کے اشوت تھاما کی طرح کیوں بھٹک رہی ہو
بہت دور کہیں سے ماتمی آوازیں بلند ہو رہی ہیں
کبھی سفید سوّروں کے ایک قافلے نے ہمارے جنگل پر دھاوا بولا تھا
تو اسی بوڑھے نے کانپتے ہاتھوں میں لاٹھی لے کر
اپنے گول چشمے سے دیکھ کر کہا تھا
صدف اقبال خلافت کا وقت آ گیا ہے
ان سفید سوّروں کو بھگانا ہوگا

لوگوں نے اپنے کپڑے اتارے اور
سودیشی کی بھڑکتی آگ میں جھونک دیے
سفید سور تیز آنچ کی تاب نہ لا کر بھاگ گئے
لیکن زمین پر ایک گہری اور طویل کھائی بن گئی
جس میں لاکھوں انسان کی کٹی پھٹی لاشیں سڑ رہی تھیں
کہیں سے ایک دھماکے کی آواز بلند ہوئی
اور صدف اقبال نے دیکھا
گول چشمہ کرچیوں میں تبدیل ہو چکا تھا

فضا میں 'ہے رام' کی صدائیں گونج رہی تھیں
اور
مہیسا سُر اپنی بھیانک آواز میں قہقہے لگا رہا تھا
تب ہی اچانک
اس دھرتی کی چھاتی میں پوشیدہ سیاہ سوّروں کا ایک غول نکلا
جس کے سروں پر گول چشمے والے بوڑھے کی چرائی ہوئی ٹوپی تھی

انھوں نے ہماری زمین کھود کھود کر بے شمار سرخ کھائیاں بنائیں
اور کروڑوں معصوم انسانوں کو
ٹکڑوں میں بدل کر ان کھائیوں میں پھینک دیا

صدف اقبال اچانک ایک بھیانک خواب سے جاگ پڑی
کوئی چلا رہا تھا،
گجرات، گجرات
اور ایک سیاہ ہاتھ لال قلعے کی دیوار پر ترنگے کی ڈور تھامے ہوئے تھا
مترو، ہم آزاد ہیں

صدف اقبال تم کون ہو اور کہاں سے آئی ہو
تمھاری شناخت کیا ہے
یہ کالے سوٗر پوچھتے ہیں
ان گنت کھائیاں زبان لپلپاتی ہوئیں اب بھی تمھاری منتظر ہیں
تمھارے جسم کے ٹکروں کی راہ دیکھ رہی ہیں
صدف اقبال تم جو بھی ہو اور جہاں سے بھی آئی ہو
اب اس دور تک پھیلے مہیب تاریک جنگل میں
تمھیں بچانے کوئی نہیں آئے گا
نہ گوتم
نہ گاندھی
نہ محمد
نہ عیسیٰ
نہ رام
نہ کرشن
اندھیرے میں تمھارے نزدیک آتی
آدم خور درندوں کی بھیانک آوازیں
تمھارے وجود کو بکھیر دیں گی

اس سے پہلے کہ بھارت ماتا کی جئے کا نعرہ لگا سکو
کالے سؤر اپنے حصار میں لے لیں گے
اور اپنی تھوتھنیوں پر استہزائی ہنسی سجا کر
تمھاری آواز کا گلا گھونٹ دیں گے
اب نہ نگر ہیں نہ بستیاں
اور نہ بچوں کی کلکاریاں
اب صدف اقبال بھی نہیں ہے
کیول شُنیہ ہے
اور ان دیکھی ہوا کی سائیں سائیں

(7)

صدف اقبال تم جہاں سے بھی آئی ہو
غلط وقت، غلط جگہ اور غلط پہچان کے ساتھ آئی ہو
آنا ہی تھا تو ایک الگ نام لے کر آتی
صدف تم صدف نہ ہو کر شکھا بن جاتی
دیکھو...
ایک چھلنی بنائی گئی ہے
جس سے گزرنا ہے تم کو
وہ ڈالیں گے اس چھلنی میں
تم کو بھی، شکھا کو بھی، ساوتری اور سیتا کو بھی

تم ہو ساری بہنیں
اس دھرتی کی بیٹی
لیکن صدف اقبال
تم سبھی چھانی جاؤ گی ایک ہی چھلنی سے
اور صدف اقبال
پھینک دیں گے تمھیں چھان کر

ایک بے بضاعت کنکر کی مانند
کنسنٹریشن کیمپ میں

صدف اقبال تم جو بھی ہو جہاں سے آئی ہو
اسی دھرتی پہ قتل ہوئے تھے تمھارے بھی اجداد
لٹی تھی عزت شکھا کی بھی
سیتا کو بھی کیا گیا تھا اغوا
ساوتری کو بھی نوچا گیا تھا
لیکن تم چاروں کے ٹوٹے، بکھرے نچے وجود کو
اِس پناہ گاہ میں بھارت ماں کی چھاؤں میں
کر دیا گیا جدا تم بہنوں کو

وہ نہیں مانتے تمھارے وجود کو
انکار ہے تمھارے ہونے سے
انکار ہے کہ تم مظلوم ہو
انکار ہے کہ یہ دھرتی تمھاری بھی ہے
تمھاری رسوائی اور ذلت طاقت دیتی ہے
ان کو جو صندل ماتھے پہ لگائے
بدن پر گیروا رنگ ڈالے
قسم کھاتے تھے بیٹی بچانے کی بیٹی پڑھانے کی

صدف اقبال یہ کس نے کہا تھا
کہ تمھاری لاش کو قبر سے نکال کر
تمھاری حرمت کے آثار مٹائے جائیں گے
وہ کون سنت تھا کون تھا یوگی
جو تمھارے مردہ وجود سے زنا کر کے
اپنے تخیلی نفرت کی تسکین کا اعلان کر رہا تھا

صدف اقبال تم جو بھی ہو جہاں سے بھی آئی ہو
تمھیں خاموش رہنا تھا
کیوں پوچھ لیا ان سے
ان سے ان کے بطن کا ٹھکانہ
کون تھیں ان کی مائیں؟
اور کون تھے اجداد ان کے؟
وہ تو اپنے لباس سے، اپنی غلیظ زبان سے
اپنے ٹپکتے الفاظ کی گندی رال سے
اس دھرتی کو جبراً ماں کہتے ہیں
ماں...
جو زنداں میں قید سسک رہی ہے
ماں جس کے آنچل کی صورت
تین رنگ لہراتے تھے
معدوم ہو گئے سارے رنگ
اب صرف ایک ہی رنگ ہے
موت کا، نفرت کا غصے کا رنگ
سسکتی ماں کے پاک بدن پہ
دندناتے پھرتے ہیں ناپاک کالے سور

صدف اقبال یاد ہے تم کو؟
وہ وقت وہ زمانہ وہ دور
جب سفید سوروں کے قافلے
تاراج کر رہے تھے ماں کی حرمت
اور یہی کالے سور
اپنے آقا سفید غلیظ سووروں کی
شرم گاہوں کو چاٹتے ہوئے مدمست تھے
بے پناہ شادمانی کے اندھے کنویں میں

صدف اقبال ایک باغ ہے کہیں دلی میں

جہاں
ہجوم کی صورت شاہین آ بیٹھی ہیں
جن کے شور سے سوروں کے کان بہرے ہونے لگے ہیں
صدف اقبال
وقت منتظر ہے
ان شاہینوں کی پرواز کا
وقت جس کی دھار بہت تیز ہوتی ہے
وقت جو صحیح منصف ہے
وقت کا تحرک ہی اذن دے گا ان شاہینوں کو

صدف اقبال دور کہرے میں لپٹے ہوئے مدھم سورج کو دیکھو
جس کی روشنی تیز ہونے کو ہے
جب کہرا چھٹے گا
تو نظر آئیں گے
گلی کوچوں، سڑکوں میدانوں میں
غلیظ کالے سووروں کے چیتھڑے
صدف اقبال تب وہی چھلنی انقلاب کی بھٹی میں پگھلا دی جائے گی
جس سے گزار کر کسی سیتا شکھا ساوتری کو
کر دیا گیا تھا صدف اقبال سے الگ

(8)

صدف اقبال تم کون ہو اور کہاں سے آئی ہو
یا تم کوئی نہیں ہو اور کہیں سے نہیں آئی ہو
وجود کے فنا ہونے کا احساس
معنی کی بے معنویت کی چبھن
زندگی سے موت تک کا سفر

کیا تم نے ایک لحظہ میں طے کرلیا؟
یا قطرہ قطرہ فنا کی منزلوں سے گزری ہو

مغرب میں اچانک سورج غروب ہو گیا تھا
اور پھیل گیا تھا اندھیرا
تم اس اندھیرے سے لڑتی گرتی پڑتی
ٹھوکریں کھاتی اندلس جا پہنچی
مسجد قرطبہ کی پشت پر بسے محلے میں
جس کی آبادی گنجان تھی
اور خلیفہ عبدالرحمٰن کے کھجوروں کے پیڑ
سرسبز

کیا تم اسی محلے سے آئی ہو
جہاں پھیلی سیاہی کے درمیان سے
تانڈو مچاتی نکلی تھی، کالی موت
تم بھاگ رہی تھی اور شاہ راہوں پہ لاشوں کے انبار لگ رہے تھے
خون تھوکتے انسانوں اور چوہوں کے
فضا میں پھیل گئی تھی
ناقابل برداشت سڑانڈ

صدف اقبال یہ تم کدھر نکل آئی
زلزلوں کی دھرتی پر
جب بہار کے گاؤں میں
مٹی کے گھروں کی کچی دیواریں گر رہی تھیں
بارش میں مٹی رل مل کر گنگا میں سماتی جاتی تھی
اور تم خاموش ساکت
اپنے کنبے کی لاشوں کو دیکھ رہی تھی
دبی ہوئی مٹی کے تودوں کے نیچے

صدف اقبال تم دیکھ رہی تھی گھنے سیاہ بادل
اور سورج کی گمشدگی
صدف اقبال کیوں پوچھتے ہیں لوگ
کہ تم کون ہو اور کہاں سے آئی ہو؟
بتا کیوں نہیں دیتی کہ تم وبا کی پیدائش ہو
اور مر جاتی ہو ہجوم کے درمیان
لیکن شاید
یہ سوال ہی تمھاری شناخت ہے
تو بتا دو صدف اقبال تم کون ہو؟

صحرا کے ساربانوں کے قافلے کے ساتھ
تم اس شہر بے پناہ کی پناہ میں کیسے چلی آئی
یہ کون سی بستی ہے جہاں جھونپڑیاں ایک دوسرے پر سوار
ایک دوسرے سے برسر پیکار ہیں
اور اچانک منادی کرادی گئی
کہ تمھاری زندگی بہت قیمتی ہے
تمھیں زندہ رکھنا ہے
زندگی کے لیے قید کردیا تمھیں

یہ کون ہے بادشاہ جو نگر کے ہر پوسٹر پر لٹک رہا ہے
قید میں یہ کون لوگ ہیں جو تل تل کر مر رہے ہیں
کون ہے وہ جو کہہ رہا
یہی موت تو دراصل زندگی ہے
صدف اقبال تمھارے آس پاس
ایک اژدہام ہے
اس جم غفیر کے پیٹ چپک چکے ہیں پیٹھ سے
کیا تمھیں یاد ہے؟

تم نے آخری بار روٹی کب دیکھی تھی
صدف اقبال یہ اچانک رواں کیوں ہو گئے تمھارے پیر شاہراہ پر
اژدہام کے ساتھ
سب چل رہے ہیں
جیسے ستر سال پہلے تمھاری آنکھوں کے سامنے
چل رہے تھے لوگ
بیل گاڑیوں پر، پالکیوں پر، پیدل، اونٹوں پر، گدھوں پر
مر رہے تھے زخموں سے
لاشیں گرتی جاتی تھیں
لیکن لوگ چل رہے تھے
صدف اقبال کیا اب بھی سفر باقی ہے
یہ کون لوگ ہیں جو کٹ گئے ریل کے نیچے
لوگ جن کی لاشوں پر صرف مکھیاں بھنبھناتی ہیں
اور سوکھی روٹی پہ منجمد خون سیاہ ہوتا جاتا ہے
صدف اقبال!
کیا تم مہا بھارت کال سے یہ منظر ساتھ لے آئی ہو
لیکن اس میں کرشن کہاں ہے
بتاؤ آخر پوسٹر کا بادشاہ کیوں مسکراتا ہے
قہقہہ لگاتا ہے
کیا پوسٹر کا بادشاہ
تمھیں دیکھ رہا ہے

مظفر پور کے اسٹیشن پر
فرش پر تمھاری لاش پڑی ہے چادر سے ڈھکی ہوئی
چادر کے کونے کو پکڑ کر کون اٹھا رہا ہے تمھیں
اس معصوم کی آنکھوں میں شرارت ہے
کھیل رہا ہے تمھارے ساتھ

خفا ہے کہ ماں نہیں اٹھتی
خفگی سے دور جا بیٹھا ہے
لیکن کون منائے گا اسے
خلیفہ عبدالرحمٰن
پوسٹر والا سفاکی سے قہقہہ لگاتا ہوا بادشاہ
صدف اقبال تم کوئی نہیں ہو
اور کہیں سے نہیں آئی ہو
تمھارا وجود دن کی بھیانک تاریکی میں تحلیل ہو چکا ہے
دھواں بن کر تم کہیں غائب ہو چکی ہو
اب ہر طرف سیاہی کا غلبہ ہے
اور شاید سورج کبھی طلوع نہیں ہوگا

(9)

صدف اقبال وہ ایک سرسبز مخملی دائرہ تھا
جس پر ابھی قدموں کے نشاں پڑے نہیں تھے
نہ کوئی راستہ بنا تھا
گھنا جنگل تھا، آوازیں تھیں، جس میں ملاوٹ نہ تھی
فطرت بولتی تھی
اور بارش کا سرگم گیتوں میں ڈھل جاتا تھا
تب کس نے درخت کاٹ ڈالے
جلا دیا سرسبز غالیچے کو
کس نے پگڈنڈیاں بنائیں
کس نے سمیٹ لیا سر سے جنگل کا سایہ

صدف اقبال، پگڈنڈی پہ چلتی ہوئی
کہاں نکل آئی ہو تم
تم کون ہو اور کہاں سے آئی ہو

کس نے دیے تھے تمھارے ہاتھوں میں چقماق
بھس میں پہلی چنگاری کس نے ڈالی تھی
سرسبز پردے کے اندر سے نکل آئی تھی زمیں
جسے چیر کر تم نے برسوں جمع کیے ہوئے بیج بوئے تھے
بارش اور دھوپ نے تمھاری فصلوں کو جمع کیا
درانتی سے کاٹ ڈالا تم نے ان فصلوں کو
جسے سردار نے قبیلے کے گودام میں جمع کروا دیا

صدف اقبال تم کھیت بن چکی تھی
اور تمھارے بیل انھیں جوتتے تھے
کھیتوں کو جوتتے جوتتے تم کہاں نکل آئی ہو
یہ کون ہے جو بیٹھا ہے
گھنے درخت کے سائے میں
اپنی چمکتی سینگیں لیے
اور جانور کھڑے ہیں اس کی تابعداری میں
جب کھڑا ہو کر وہ اپنی سانڈ پر بیٹھ گیا تب تم نے کہا
پشوپتی

صدف اقبال تم کون ہو اور کہاں جا رہی ہو
پگڈنڈیاں پھیلتی چلی گئیں
اور قدموں کے نیچے آ گئی کولتار
یہ چوری سڑک کہاں جاتی ہے
فطرت کے وہ الوہی نغمے
بارش کے وہ گیت
جنگل کی وہ آوازیں
کہاں گم ہو گئیں

صدف اقبال! قبیلے کے گوداموں سے لوٹ لیا گیا تمھارا اناج

اب وہ چاہتے ہیں تمھاری زمینیں
اپنی ہتھیلیوں پہ اُگانا چاہتے ہیں تمھارے اناج کو
غلامی کا ایک بڑا سا طوق تیار کیا گیا ہے
جسے پہننا تمھیں منظور نہیں
ہزاروں لاکھوں طوقیں بد ہیئت سیاہ رنگ میں لپٹی
بڑھ رہی ہیں تمھارے گلے کی طرف
بکھر گئی ہو تم کروڑوں وجود میں
تمھاری آوازوں کا ہجوم
ان کے کانوں میں ٹیس پیدا کر رہا ہے
صدف اقبال تم کون ہو اور کیوں آ گئی ہو
سلطنت کی راجدھانی کی سرحدوں تک
شہنشاہ غضبناک ہے حکم عدولی دیکھ کر
اس کے فرمان پھڑپھڑا رہے ہیں ہر موڑ ہر چوراہے پر
کہ جنگل کی تہہ سے جو زمین نکالی تھی تم نے
وہ تمھاری نہ تھی
ان زمینیوں کو کر دو ان تاجروں کے حوالے
جن کے قبضے میں بیج ہے

صدف اقبال تمھارے اندر یہ ہمت کہاں سے آئی
غضبناک بادشاہ کی حکم عدولی اور فرمان کی توہین
سینہ سپر ہو کر کر رہی ہو
آوازیں ابھرتی ہیں
ان داتا تم ہی ہو
تم ہنستی ہو پاگلوں کی طرح
جلا دیتی ہو فرمان
راجدھانی کی سرحد پر
اٹھاتی ہو اپنا ہل اپنے کاندھوں پر

جہاں تک نظر جاتی ہے تم ہی تم ہو
انھوں نے جشن آزادی کا اعلان کیا ہے
اور تم
اپنے ہل کے پھل سے
راجدھانی کی زمین پر انکار لکھتی جاتی ہو
گر رہی ہیں فلک بوس عمارتیں
بنجر ہوتی جاتی ہے نئی دنیا
بدل جاتی ہے راجدھانی ملبے میں
بادشاہ بن جاتا ہے کسی قبر کی غذا
خش و خاشاک کے ڈھیر کا ایک انبار رہ جاتا ہے
تب چمکتی ہے آسمان پہ بجلی کالے بادلوں کے درمیان سے
بیت جاتے ہیں ہزاروں سال
پھیلی ہوئی ویرانی میں کہیں کسی ڈھیر کو چیرتے ہوئے
نکلتا ہے ایک پودا
بڑھ کر بن جاتا ہے فصل
پھوٹتے ہیں انکھوئے
تمھاری پھیلی ہتھیلیوں پر چمک اٹھتے ہیں
گندم کے دانے

آوازیں لوٹ آتی ہیں
بارش کی رم جھم
کوئل کی کوک
شیر کی دہاڑ
پپیہے کی پی ہو
اور کوئل کی کوک
صدف اقبال اڑ جاتی ہو تم
چاندنی رات میں چکور بن کر

(10)

ڈوبتے سورج کی لالی میں
سریو کی سندوری دھارائیں نہارتی
صدف اقبال تم کون ہو
اور کہاں سے آئی ہو

ایودھیا نگری سے رام بن باس کر چکے ہیں
محل سونا، اُپ ون اداس، سڑکیں سنسان ہیں
دیکھو ہوا میں وینا کی رُدالی گھل مل رہی ہے
صدف اقبال تم اس ون میں بھی تو تھی
جب دشٹ راون نے 'چھل روپ' دھارا
تم ہی تو وہ تھی جس کا اپہرن ہوا

صدف اقبال!
تم یہ کدھر آنکلی ہو؟
بانر بناتے جارہے ہیں رام سیتو
جٹائیو کی جل رہی ہے چتا
اور دور چمکتے سورج کے پرکاش میں
چمک رہی ہے سونے کی مایا نگری لنکا
صدف اقبال تم نے ستیہ کو دیکھا ہے
تم نے رام کو دیکھا ہے
تم نے دیکھا ہے راون کی لنکا کو دھدھکتے ہوئے
بکھری ہوئی لاشوں، بہتے ہوئے خون
سڑتے شریروں کے درمیان
تم نے دیکھا ہے
راون کے پیپ بھرے زخموں سے رستے ہوئے جسم کو

صدف اقبال تم وہیں تو تھی

جہاں رَن بھومی میں راون کے شریر پر سیار منھ مار رہے تھے

چیل اپنی نوکدار چونچوں سے آنکھیں نوچ رہے تھے

لکڑ بگھے تیز دانتوں سے ہڈیاں چبا رہے تھے

تب کہا رام نے

انوج لکشمن لے لو کچھ گیان اس پر کانڈ پنڈت سے

اور لکشمن نے جانا کہ اہنکار ہی من کا شترو ہے

لیکن کون ہیں یہ اہنکاری؟

صدف اقبال تم دیکھ رہی ہو

صدیوں پرانی عبادت گاہ کو

جو اپنے ہی بوجھ سے جھکی جاتی ہے

اور اچانک لاکھوں کی بھیڑ چلاتی ہے

جے شری رام!

ایک دھماکہ ہوتا ہے

گر جاتی ہے وہ عبادت گاہ

اب کسی دھکے کی کوئی ضرورت نہیں

رام جی پیڑا سے آنکھیں موند لیتے ہیں

اور جیسے گم کر دیتے ہیں خود کو تمھاری نظروں سے

سیارام، سیارام!

کہاں گئے سیارام؟

صدف اقبال تم کون ہو

اور کیوں یہاں آئی ہو

وہ کہتے ہیں تم ایران توران، عرب کی باسی

تم ہو ملیچھ

دیکھ رہی ہو خون ٹپکتی آنکھوں سے

اپنی ہی لاش کے ٹکڑے
ہو رہی ہے آکاش سے لہو کی بارش
جیسے رو رہے ہیں رام جی
چھٹے دسمبر کی برفیلی رات میں
جم کر بے جان ہو گیا ہے ستیہ

صدف اقبال یہ کیا دیکھ رہی ہیں تمھاری آنکھیں
یہ کون ہے دشٹ پاپی
جس نے بنوایا ہے ایسا چتر
کہ وہ رام جی کی انگلی پکڑ کر
لے جا رہا ہے انھیں ایودھیا
اس نے چتر میں خود کو کر لیا ہے کتنا وراٹ
بے سر کی لاکھوں کی بھیڑ
پاگلوں کی طرح چلّا رہی ہے
یہ رام کو لائے ہیں
ہم ان کو لائیں گے
رگھوور کرودھ میں کہتے ہیں
کیول ایک شبد
'ڈشٹ'
یہ سن کر وہ زور سے اٹّہاس کرتا ہے

صدف اقبال سنو وہ کیا کہہ رہا ہے
کریں گے ہم پران پرتشٹھا
صدف اقبال!
یہ کیسی ہے مہا کال کی بیلا
شیو جی نے اچانک کھول دی جیسے اپنی تیسری آنکھ
بدھ نے دکھ سے اپنی آنکھیں بند کر لیں

بادشاہ نے اور زور سے اٹّہاس کیا
دیکھو کر دی ہم نے پران پرتشٹھا
رگھوور بولے
یہ تو میری نہیں
کر رہا ہے اپنے اہنکاری راجا ہونے کی پران پرتشٹھا
اس نے آج خود کو مندر میں استھاپت کیا ہے
دیکھ مندر اب بھی ادھورا ہے

تب لکشمن کو دھیان آیا
اہنکاری راون کا ستیہ
اہنکا، اہنکار، اہنکار
شیو جی اٹھے
اور کرنے لگے تانڈو
صدف اقبال!
کیا شرشٹی بھسم ہونے کو ہے؟

تمھارے لیے نہیں ہیں

رابعہ الرَّبّاء

میری کہانیاں میری نظمیں میرے لفظ میرے حرف
تمھارے لیے نہیں ہیں
اگر
تمھیں نہیں پتا 'گیبرئل' نے کیوں لکھا
اگر
تمھیں نہیں پتا 'ہرمن ہیس' پہ 'سدھارتھ' کے ساتھ نیم موت راج کرتی رہی
اگر
تمھیں نہیں پتا
'سدھارت' کا اپنے باپ سے کیا سوال تھا
'کافکا' کا اپنے باپ کو لکھا ایک خط
اگر
تمھیں نہیں پتا 'مونا لیزا' کے پیچھے کیا سحر ہے
اگر
تمھیں نہیں پتا 'افلاطون' کے درو دیوار میں کیا تھا
اگر
تمھیں نہیں پتا 'ڈکنز' کے وقت کی تکرار نے اس کو کیسے زندہ کر دیا
اگر
تمھیں نہیں پتا 'کاما سوترا' کے رنگ کیا ہیں
تو
میری کہانیاں میری نظمیں

تمھارے لیے نہیں ہیں
بخدا تمھارے لیے نہیں ہیں
میرے لفظ میرے استعارے یہ رمز
تمھاری بے علمی کی لذت بھی ہوں گے
تمھاری ہنسی کا سبب بھی ہوں گے
احسان شر سے تم واقف نہیں ہو
'نہج البلاغہ' علم کا دروازہ ہے بس
اس میں داخلے کے لیے 'بہشتی زیور' کام نہیں آتا
مگر
تم تو 'بہشتی زیور' بھی بہشت میں پڑھو گے
سو
میرے لفظ میری کہانیاں میری نظمیں تمھارے لیے نہیں
ان سے دور رہو
کہ
تم کو دنیاداری کا زہر مار چکا ہے
تم کو مطلب پرستی کی بیچارگی سمجھ آ گئی ہے
اس سے کھیلو
کہ
یہ لفظ تمھارے لیے نہیں ہیں
کیونکہ
تم کو نہیں پتا 'بلھے شاہ' عورت میں حلول ہو کر کلام کرتا ہے
'وارث شاہ' اسی وجود کو سلام کرتا ہے
'قونیہ' اگر شہر جانو...
تو
میرے لفظ میری نظمیں میری کہانیاں تمھارے لیے نہیں ہیں
انھیں نہ سنو، نہ پڑھو، نہ سناؤ
کہ مجھے درد ہوتا ہے

اگر
نہیں جانتے عیار عقل پہ عشق کو فوقیت کیوں ہے
اگر
نہیں جانتے 'موسیٰ' و 'خضر' کا بھید کیا ہے
اگر
نہیں جاتے صبر طوفانوں کا امین ہے
اگر
نہیں جانتے 'لا' کا فلسفہ 'کن' ہے
تو میری نظمیں میری کہانیاں میرے حرف تمھارے لیے نہیں ہیں
یہ رمز یہ بھید تمھارے لیے نہیں ہیں
یہ 'لا' یہ 'کن' تمھارے لیے نہیں ہیں
اگر پھر بھی کچھ شوق باقی رہے
تو اپنے دامن میں جھانک لینا
اپنے پیراہن کی جھلملاہٹ کے بھیک پیوند سے پوچھ لینا
کدھر سے آئے
کدھر کے ہو مسافر
کس کو لوٹنا تھا
کس سے لٹوا لیا ہے
اور
زندگی کیا مکافات بھی ہے؟
معصوم بن کر، مسکرا کر
آنکھوں کو تھوڑا سا نچا کر
کسی شوخ کو جوز یر کیا ہے
تو
زیر کبھی جوزبر ہوئی تو
پیش بھی کرنا پڑ گیا تو
مسکرا سکو گے

کیا اپنے باپ کا قرض چکا سکو گے
یہ تمھارے مہرے
یہ تمھارے رشتے
بے خبر نہیں ہیں سارے
مروتوں کے ہیں یہ مارے

ورنہ
دنیا تو دیکھی ہے سب نے
خامشی کی بابت تم کب تک نچا سکو گے
مظلومیت کی بھی اک عمر ہوتی ہے
گزر جو گئی

تو
بڑھاپے کی سچائی سے اپنی
کب تک آنکھیں چرا سکو گے

اگر
تم غور نہیں کرتے کہ
دنیا کی ساری خدائی، انا، غیرت، عزت، پگڑ، تاج، کوہ نور
سب سر پر براجمان ہیں
ستارے، چاند، سورج، سات آسمان اور براق
ہوائی جہاز اور پھر خلائی جہاز
بارش کے واسطے آب کا خشک قطرہ
روح کا جسم سے جدائی کا سفر
سب آسمان کی اور ہیں
تو
جنت کیسے قدموں تلے ہو سکتی ہے
کبھی تم سے سوچا مقام دوزخ کہاں ہے

یہ بھید
یہ راز

یہ سوال
اگر تم میں نہیں گنگناتے
تو
میرے لفظ، میرے حرف، میری نظمیں، میری کہانیاں
تمھارے لیے نہیں ہیں
فرائڈ سے ژاک کے نفسیاتی فلسفوں کی الجھن
باڈی مینٹننگ سے باڈی شیمنگ تک کے قانون
اُف! ایسے زمانے سے انجان ہو تم
جب تم کو نہیں پتا کہ 'گورکی' ناول 'ماں' کا خالق ہے
جب تم کو 'ہندہ' یاد نہیں ہے
جو کلیجے چبا جاتی ہے
یہ طاقت 'یزید' میں آ جاتی ہے
جب تم کو نہیں پتا 'منصور حلاج' کا قصور نیا نہیں تھا
'رابعہ' کی بہنوں نے اسے کھو بھی دیا تھا
'زلیخا' بس اک کردار ہے تمھارے لیے
'خدیجہ' کو خیر تقدس سے آگے نہیں جانتے
'خدیجہ' محبت کا استعارہ بنی تھی
وہ اک باعلم گھرانے میں پلی تھی
دیوی عورت، پیروں کی جنت اس پہ بھی کئی مینار کھڑے
یہ سب تمھارے لیے ہیں
سو
آؤ زمانے والو
آگ لگاؤ
کہ 'علم دین' کا عشق بازی لے جائے
تم ٹک ٹاک، سیلفی، برگر کے مزے لو
تم بیٹھو
باتیں کرو

اسنیکس کے ساتھ غیبت کے مزے لو
یہ دنیا، یہ مادی یہ فانی یہ دنیا...
تمھاری ہے
تم شیکسپیئر کا نام لے کر فخر محسوس کرو
وہ اسی میں خوش ہے
کہ
تم نے اس کو پڑھا نہیں ہے
'نے لی ساش'، 'ونسٹن چرچل'، 'جارج برنارڈ شا' سے 'اناتول' تک
سب
تمھارے انجان ہونے سے خوش ہیں
ورنہ تم ان کا لکھا بھی ان پہ بہتان بنا دیتے
ان پہ اپنی دانش کا الزام لگا دیتے
سو مجھے معاف کر دو
میری نظمیں، میری کہانیاں میرے لفظ
'ماں'، 'عشق کا دربار'
'رات کی رانی'، 'جگنوؤں کے دیس' سے 'سویٹ ہارٹ' تک
اور
'سویٹ ہارٹ' سے 'درویشوں کا ڈیرا' تک
کچھ بھی تمھارے لیے نہیں ہے
سوا اپنے برینڈیڈ کپڑوں جوتوں جیولری میک اَپ ہوٹلز تک محدود رہو
نیا فیشن کیا ہے
نیا سیشن کیا ہے
نئے دور کے نئے قبرستانوں کا سفر بھی پرانے جیسا ہی ہے
اگر سمجھو
مگر
یہ لفظ یہ کہانیاں یہ نظمیں تمھارے لیے نہیں ہیں
کہ

تم ان کی تشہیر کرو
تم ان سے اپنا مطلب نکالو
تم ان سے آگ لگاؤ
آگ پہ تیل گراؤ
اور
خود ہی اس میں جل جاؤ
یہ لفظ یہ حرف یہ کہانیاں یہ نظمیں تم سے معذرت خواہ ہیں
کہ
یہ تمھارے لیے نہیں تھے
یہ تمھارے لیے نہیں ہیں

جبل الجودی کی غرقاب چوٹی اور آدم کا المیہ

ابرار مجیب

بانس کے جنگلوں میں
ہوا سیٹیاں بجاتی ہوئی، ایک دوسرے کو کاٹتی ہے
جس طرح ساحل کے کنارے مچھیروں کی بستیوں میں
اُٹھے ہاتھوں کی دعا کاٹتی ہے
طوفان خدا کی سانسیں ہیں
لیکن فاختہ کہیں کوئی نظر نہیں آتی
زیتون کی نازک سی شاخ دیو پیکر موجوں کی
نذر ہوئی
بانس کے جنگلوں میں خدا کی سانس
ہوا کاٹتی ہے
بستی کے گھروں کی تندوریں
عرصہ ہوا اُبلی تھیں
اب تو جبل الجودی کی چوٹی بھی غرقاب ہوئی
بے کراں پانیوں میں کشتی کہاں ٹکائے
نوح حیران و پریشان ہے
ورلڈ ٹریڈ سینٹر بھی زمیں بوس ہوا
ورلڈ ٹریڈ سینٹر کی مسطح زمین پر جانماز بچھانے کا خواب
کائنات کے ٹھہرے ہوئے تاریک پانیوں میں تیرہ وتار رہا
اور تاریک پانیوں پر خدا سانس لیتا رہا
گردش چرخ کی کہانی میں

سورج کی کرن رقصندہ ہوئی

اور ڈارون کی روح نے یک خلیہ جرثومے کا روپ دھارن کر لیا

سمندر مہا منتھن سے نکلا زہر دیوتا اور راکششوں نے نہیں

نیل کنٹھ نے پیا

تقسیم کی تاریخ کہاں لے آئی

پانڈو دروپدی کو ہار گئے

منٹو نے کہا 'کھول دو'

کورو دروپدی کی ساری کھینچنے لگے

کرشن ورنداون میں گوپیوں کے ساتھ راس لیلا رچاتے رہے، اور

بندر تحفۂ ذہب لے کر حصص بازار میں حاضر ہوئے

راون نے چونک کر دیکھا اور گریہ کناں ہوا

لنکا تیزی سے نذرِ آتش ہوا جاتا ہے

آدم کے قدموں کے نشاں بھی جل گئے

مگر حوا اور آدم کا شیخ بنزین کی بو میں مدمست رہا

ساربان اونٹوں کے قافلے لے کر دمشق سے رخصت ہوئے کہ انھیں آندھیوں نے آلیا

اور لوگ پیرس میں پوائزن بناتے رہے

جسے حجاب گزیدہ بیبیاں اپنے بدنوں پر اسپرے کر

شیوخ کو لبھاتی رہیں

ان کی کمریں لچکتی ہیں

اور کولھوں، گداز سینوں میں تھرکن ہوتی ہے

صحرائی باز ام الکلثوم کے سریلے کنٹھ کو نوچ کر لے گیا

تب نینسی عجرم دبئی کے شیخ کی گود میں بیٹھ کر نغمہ سرا ہوئی

یا حبیبی، یا حبیبی

حب الہواء

شیخ نے پلٹ کر دیکھا

گولڈ مین شاشے مر گیا

مشرق وسطیٰ میں جنگ جاری ہے

اوراطراف کعبہ پانچ ستارہ ہوٹل میں حج وعمرہ کے تقدس کے خریدار
خداخریدتے ہیں
تقدس کی انتہا پر فائیو اسٹار ہوٹل کے کمرے میں
نینسی عجرم کے
آدھ کھلے پاکیزہ گداز دودھیا سینے سے چشم وروح کو سرور بخشتے ہیں
الملک آل فلاں نے قہقہہ لگایا
پترول سے زیادہ اس میں کمائی ہے
بترودالر غلط، مکی والمدنی دالر صحیح

ہاہاہاہاہا
بریدہ سر اور پرسکوت دھڑ مصلیٰ جعفر طیار کے سامنے دعوتِ نظارۂ عبرت ہے
نماز جمعہ کتنی بابرکت ہے یہاں
عجمی، گونگا، واجب القتل ہے
ہم عرب ہیں مسلمان نہیں
یہ سن کر پاکستانی پٹھان نے گریہ کیا
یمن کا نجاشی حیران ہوا
بدو پناہ گزینوں نے مہربانیوں کا یہ بدلہ دیا
رمضان کی چاند رات کے آتے ہی بحرین کے سمندری پل پر
دنیا کا سب زیادہ ٹرافک نوٹس کیا گیا،
اجلے ثوب کی منتظر طوائفیں کتنی خوش ہیں
بانس کے جنگلوں میں ہوا ہوا کاٹتی ہے
اور خدا پرسکون پانیوں پر پُرسکون سانسیں لیتا ہے
میرا شاعر دوست بدر عالم خلش یقین سے کہتا ہے
'کسی گمنام جزیرے میں خدا زندہ ہے!'
عراق کے کرب وبلا کے میدان میں
رورو کے کہتی ہے بالی سکینہ
ظالموں میرے گوہر نہ چھینو
سارا شگفتہ ہذیانی قہقہہ لگاتی ہے

آدم اور حوا کا نکاح پڑھانے
خدا آسمان سے نہیں اترا تھا
تم بھی حرام کے ہم بھی حرام کے
ہذیانی قہقہہ
سارا شگفتہ تم کیوں کہتی ہو
آج میں اپنی شرم گاہ پر سر رکھ کر سو جانا چاہتی ہوں
شرم الشیخ کے اسلامی اجلاس کے بعد
شیوخ نے اطمینان کی سانسیں لیں
ہوٹل میں مصری طوائفوں کا انتظام عمدہ تھا
اور اہرام میں فرعون کروٹ بدل رہا تھا
اچانک ماہر آثار قدیمہ خوشی سے چیخ پڑا
موسیٰ کی قبر یہی ہے
'میں ترے شاہیں کا شہپر اے خدا'
اردو شاعر مصرع کہہ کر گہری نیند میں چلا گیا
غار حرا میں ہمیشہ کے لیے قید ہو گیا
علامہ اقبال نے 'اسرار خودی' کو کئی دفعہ پڑھا
دنیا اور اہل دنیا پر ایک نظر کی
اور بے دلی سے کتاب کو آتشدان کی نذر کیا
تجھ کو معلوم ہے لیتا تھا کوئی نام ترا
قوت بازوئے مسلم نے کیا کام ترا
کس شمشیر جہاں گیر جہاں دار ہوئی
کس کی تدبیر سے دنیا تری بیدار ہوئی
تازہ خبر
کرونا جہاد کی شروعات، گودی میڈیا کی چیخ
دہشت گردوں نے تھوکنے کی ابتدا کی
نہیں منت کش تابِ شنیدن داستاں میری
خموشی گفتگو ہے بے زبانی ہے زباں میری

بدھنا کہار کی بکٹ کہانی

ابرار مجیب

چوپال میں
بدھنا کہار کو
ماگھ کے مہینے میں آلہا اودل گاتے سنا ہے
اس کی آنکھوں کی چمک اور گردشوں کو دیکھا ہے
چوپال میں جلتی بورسی کی آگ سرد ہو جاتی
لیکن
بدھنا کہار کے جسم کی بجلی
شبدوں کی آگ
سرد نہیں ہوتی
لوگ بیٹھے رہتے آنکھیں پھاڑے
عالم مدہوشی میں
بدھنا کہار کے منہ سے کبھی انگارے نکلتے
کبھی پھول برستے ہیں
کبھی اس کا سر دھڑ سے الگ ہو جاتا
اور نکلنے لگتا لہو تازہ تازہ
ہزاروں گھوڑوں کی ٹاپوں سے گونج اٹھتا چوپال
جنگ کے میدان میں آگ، خون اور غبار ہی غبار
بدھنا کہار کھو جاتا اس غبار میں
ایک دن دور دارالحکومت میں
خبر پہنچی چوپال کی

سجی محفل آلہا اودل کی
بدھنا نے راگ الاپا
لیکن محل کے اندر سبھا میں چوپال کی بو رسی نہیں تھی
ماگھ کی سردی بھی نہیں
سب نے آخر میں بہت تعریف کی
بدھنا کہار اچھا نوٹنکی باز ہے
اسے راجا نے سونے کا ہار اور لوہے کی زنجیر دی
آنکھوں کو ڈھک دیا کالے چشمے سے
بدھنا اب چوپال میں نہیں گاتا
اسٹیج پر پرفارم کرتا ہے اور ریل بناتا ہے

سورج کے پاؤں پہ ہاتھ

سلیم شہزاد

وقت کے سلطان سے کہو
کہ سورج کے پاؤں پہ ہاتھ رکھے
اور نرم راتوں کی سرگوشی کو
اور مت جانے
وقت کے سلطان سے کہو
کہ معصوم عقلوں کی محبتوں کا
ماتم دیکھے
وقت کے سلطان سے کہو
کرنوں کے جال سے
مت اُلجھے
کہ چاندنی کا کھیل اچھا سہی
مگر تیرگی کی رِدا تو
سمیٹنا ہوگی
تم نہ سمیٹو گے تو
سلطانی کے منصب سے ہٹ جاؤ گے
وقت کے سلطان سے پوچھو
کہ ذات کی اوکڑوں سے
گھبرانا کیسا
وقت کے سلطان سے کہو
کہ وقت کے چوکھٹے میں

کب کوئی سماتا ہے
وقت کے سلطان سے کہو
کہ مان جائے
اور کچھ دیر
اجازت کے آنگن میں ٹھہرے

کن سارو ویوا کے لیے نظم(۱)

سلیم شہزاد

ہمارے پاؤں میں بیڑیاں ڈالو!
یہ گولیوں کی جانب چلتے ہیں!
یہ سولیوں پہ جاگتے ہیں!
یہ اکڑوں نہیں بیٹھتے!
پنجوں پہ چلتے چلتے
قید خانے میں پھیل جاتے ہیں!
انھیں چلنا نہیں آتا
یہ بھاگ نہیں پاتے
یہ دشمنوں کے ہاتھ پہ
تلوے لپیٹ دیتے ہیں
ایڑھیوں کی آنکھ سے
قتل گاہیں سمیٹ لیتے ہیں
کچھ شاموں سے
پاؤں کی گمشدگی پہ
کچھ ناموں کا روزگار بندھا ہے

(ا) نائیجیریا میں پھانسی پانے والا ادیب

توہین کا سایہ

سلیم شہزاد

حضور آپ میں حوصلہ ہی نہیں تھا
تو ہمیں کیوں
اضطراب کی گولیوں کے
پیکٹ تھما کر
انتظار کی کڑیاں
گننے پر لگا دیا
حضور ہم ایک پل کا
غصہ پی کر بوڑھے کیا ہوئے
ہمارے بچوں کے ذہنوں میں
رعشہ پڑ گیا

حضور شرمانے کی
ایک حد ہے
جس سے آپ گزر چکے ہیں

حضور بے نامی زمین
آپ کی ہوئی
مگر ہمیں تو آپ نے
ابلتی زمیں کے آسنوں میں
یوں گاڑا کہ ہم
توہین کا سایا بن گئے

شعر لکھا کریں؟

ناصر کریم

دھوپ کے سخت ٹکڑوں پہ کندہ کریں
لفظ،
اور لفظ لکھتے چلے جائیں
اور پھر بھی زندہ رہیں؟

اور کیا پھر بھی زندہ رہیں؟

جب تشدد سے جبڑے بھنچ جائیں
ہم اپنے دانتوں سے گرہیں چباتے رہیں

جب کچلتے ہوئے لال پیلے بدن
ہڈیوں کے کھلونے بناتے رہیں

ہم تر و تازہ جسموں کے ایندھن لیے
روز آتے ہیں

اور ان کے لیے شعر لکھا کریں
جو رگِ جاں میں تیزاب کی کاٹ لے کر اتر آئے ہیں؟

اور زندہ رہیں
جیسے پتھر کے نیچے دبے کانکن
بے وطن
بے کفن!

منادی ہو

ناصر کریم

ہمارے نیل کے ساحل سے لے کرتا بخاک کاشغر
بچھڑے ہی بچھڑے ہیں
ہمارے کان میں دریائی گھوڑے ہنہناتے ہیں

ہمیں ریوڑ بنا کر ہانکنے والے
ہمارے نرعلیحدہ کر رہے ہیں
اور مادائیں خوشی سے دف بجاتی ہیں

(خوشی سے دف بجاتے جانور کو آختہ ہونا بھی اک اعزاز لگتا ہے)

غلامی جانور تخلیق کرتی ہے
اور ان نامرد بے خصیہ دماغوں کو
پرستش کے لیے اک سامری درکار ہوتا ہے
اور اک سونے کا بچھڑا!

مستزاد اس پہ کہ سارے جانور خوش ہیں
ہمارے نیل کے ساحل سے لے کرتا بخاکِ کاشغر پھیلے ہوئے
منادی ہو!
کہ سب مردانگی کے بار سے آزاد ہو کر
ایک اُمت بن گئے ہیں

Tapping At My Camber Door

ناصر کریم

کاسۂ سر پھٹ رہا ہے

دستکوں کے بوجھ سے
کواڑ کھولو
راہگیروں کو پناہ درکار ہے

کواڑ کھولو
شہر پر یلغار ہے

شرنارتھی زخموں سے اُلٹے پیر گرتا گھاس لیٹ
انگلی کی پوروں میں دبی تیلی پہ دستک دے رہا ہے
سرخ دستک
ریشۂ بارود میں لپٹی
درون شہر کے مختون زادوں کے گھروں پر
کھڑکیوں پر
سوختہ منڈیر پر
اینٹوں جلی دیوار کے نیچے
تڑختی عمر پر
بوڑھی رگوں کے جال پر
چھالوں سے اُٹھتی بھاپ کے اوپر جھلستی کھال پر

پرخوف اندیشوں کی گندھک سے چمکتی سُرخ دستک
آگ کی لپٹوں سے بام و در کی دستک
خون میں بہتی ہوئی چیخوں کی دستک
کھول دو
شرنارتھی کواڑ کوئی
کاسۂ سر تھک گیا ہے دستکوں کے
شور سے
کواڑ کھولو
شہر کے کواڑ کوئی

ڈونیا میخائل کی تین نظمیں

ترجمہ: وسیم احمد فدا

1965 میں عراق میں پیدا ہونے والی دونیا میخائل نے 'دی بغداد آبزروز' میں بطور ادبی مدیر کام کیا۔ نوّے کی دہائی کے آخری برسوں میں عراقی حکومت کی دھمکیوں کے نتیجے میں مادر وطن کو چھوڑنے پر مجبور ہوئیں۔

2001 میں انھیں اقوام متحدہ کا 'ہیومن رائٹس ایوارڈ' ملا۔ اظہار رائے کی آزادی کے لیے اعزاز یافتہ دونیا میخائل کے چار شعری مجموعے شائع ہو چکے ہیں۔ ایلیزابیتھ ونسلو (Elizabeth Winslow) کے ذریعے ترجمہ کیے گئے ان کے مجموعے 'The war works Hard' کو پین (PEN) ترجمہ ایوارڈ ملا۔ نیویارک پبلک لائبریری نے اسے 2005 کی بہترین پچیس تخلیقات میں شامل کیا۔ یہ کسی بھی عراقی شاعرہ کی عربی سے انگریزی میں ترجمہ ہونے والی اولین تالیف ہے۔

میخائل کی ڈائری 'A wave Outside the sea' کو بھی عرب امریکن ایوارڈ سے نوازا جا چکا ہے۔

میں ہڑبڑی میں تھی

کل میں نے کھو دیا ایک ملک
میں ہڑبڑی میں تھی
اور جان ہی نہیں پائی
کہ کب وہ گر گیا مجھ سے
ایک کمزور ہوتے درخت سے ٹوٹی ہوئی شاخ کے مثل
اے راہ گیرو!

اگر تم میں سے کوئی ادھر سے گزرے
اور اس سے ٹکرائے
ممکن ہے کہ سوئے آسمان منہ کھلے کسی بیگ میں
یا کسی چٹان پر کندہ
رِستے ہوئے کھلے زخم سا
یا مہاجروں کے کمبلوں میں لپٹا ہوا
یا خارج کیے گئے
کسی گم لاٹری ٹکٹ کی مانند
یا کسی سرائے میں
فراموش کردہ کسی بے بس انسان کی طرح
یا کہ بھاگتا ہوا بلا مقصد
بچوں کے سوالوں کی مانند
یا اٹھتا ہوا جنگ کے دھویں کے ساتھ
یا ریت پر لڑھکتا ہوا ہیلمیٹ میں
یا چرایا ہوا علی بابا کے مرتبان میں
یا ایسے پولیس اہل کار کے بہروپ میں
جس نے قیدیوں کو ہڑکایا ہو
اور بھاگ لیا ہو
یا کہ اکڑوں بیٹھے ہوئے ایسی عورت کے ذہن میں
جو چاہتی ہے مسکرانا
یا بکھرا ہوا
امریکہ میں نو وارد مہاجروں کے
خوابوں کی مانند

اگر تم میں سے کسی کو وہ ملے
تو پلیز!
اسے مجھے واپس کر دیں

وہ میرا وطن ہے
جسے میں نے کل ہڑبڑی میں گم کر دیا تھا

سانتا کلاز

جنگ جیسی اپنی لمبی داڑھی
اور مثل تاریخ لہو رنگ اپنے لبادے میں
سانتا کلازز کا مرے سامنے مسکراتا ہوا
اور کہا مجھ سے کہ پسند کروں میں کوئی چیز
'تم ایک اچھی لڑکی ہو' کہا اس نے
لہٰذا تمھیں ملنا چاہیے کوئی کھلونا
پھر اس نے دی مجھے نظم جیسی کوئی چیز
اور چونکہ میں ہچکچائی
اس نے مجھے یقین دلایا
ڈرو مت ننھی بچی
میں سانتا کلاز ہوں
میں بانٹتا ہوں بچوں کو خوبصورت کھلونے
کیا تم نے مجھے پہلے کبھی نہیں دیکھا؟
میں نے کہا:
لیکن جس سانتا کلاز کو میں جانتی ہوں
وہ پہنتا ہے فوجی وردی
اور ہر سال بانٹتا ہے
سرخ شمشیریں
معذوروں کو گڑیے
مصنوعی اعضا
اور گمشدہ افراد کی تصویریں

دیواروں پر لٹکانے کے واسطے

ضمیر

وہ بنتا ہے ٹرین
وہ بنتی ہے سیٹی
وہ چلے جاتے ہیں دور
وہ بنتا ہے رسی
وہ بنتی ہے درخت
وہ جھولتے ہیں ساتھ ساتھ
وہ بنتا ہے خواب
وہ بنتی ہے شہپر
وہ بھرتے ہیں اڑان
وہ بنتا ہے جنرل
وہ بنتی ہے لشکر
وہ کرتے ہیں جنگ کا اعلان

میں میاں ہوں

حسین

ترجمہ: نسترن فتیحی

میں 'میاں' ہوں
اس سیلاب زدہ علاقے سے
مجھے...
اب ابھرتے ہوئے دیکھو
نشیبی علاقوں کے دلدل
اور پھنسار سے پھسلتے ہوئے
اپنے پھاوڑوں اور بیلچوں سے
میں اب بھی...
زمین کے سینے کو چیر سکتا ہوں
گنے اور دھان کے لہلہاتے کھیتوں سے نکل کر
میں ہیضے میں رنگ رہا ہوں
میں شاعری کے چند سطور
اور حساب کے چند اصول سمجھ کر
اپنی دس فیصد خواندگی کا جشن
اپنے کندھے کو اچکا کر مناتا ہوں
اور یہ لحاتی خوشی میری
اس وقت کافور ہو جاتی ہے
جب کوئی مجھے بنگلہ دیشی کہتا ہے
لیکن میں اپنے انقلابی ذہن کو

سمجھالیتا ہوں
کہ میں 'میاں' ہوں

جھنجھلاہٹ

ضیا فاروقی

پہلے ہم نے ظلم سہا
اور ضبط کیا
پھر گریہ کیا
پھر احتجاج کیا اور پتھر اٹھائے
پھر گولیاں کھائیں اور زخمی ہوئے
پھر اپنے اپنے زخموں کی گنتی کی
اور جھنجلاہٹ میں
آپس ہی میں دست و گریباں ہو گئے

تو کیا یہ سمجھتے ہو

ضیا فاروقی

تو کیا تم یہ سمجھتے ہو
کہ تم سب کچھ بدل دو گے؟
زمین و آسمان کے بیچ جو کچھ ہے تمھارا ہے
سنہری صبح دلکش شام
سبزہ زار گل بوٹے
حسیں تالاب دلکش وادیاں
صد رنگ یہ طائر

ہزاروں بولیوں سے گونجتا
یہ ملک یہ بستی
ہزاروں مذہبوں کو ماننے والوں کی یہ دھرتی
یہاں بس تم ہی رہتے ہو
کہ اس ارض خدا پر
بس تمھاری ہی حکومت ہے
تمھارے ماسوا
جو بھی یہاں پر ہے وہ غاصب ہے
تو کیا تم یہ سمجھتے ہو
کہ اپنی بربریت سے
ہمیں اپنی غلامی میں جکڑ لوگے
ہمارے ذہن پاکیزہ میں اپنا زہر بھر دوگے
تو کیا تم یہ سمجھتے ہو
کہ اپنے زرد خنجر
تلخ لہجے سے
ہمارے حق کو چھینوگے
تمھارا جبر کب تک ہے
تمھاری عمر کتنی ہے

بے حیا
شعیب کیانی

ہمیں تو ہیں وہ
جو طے کریں گے
کہ ان کے جسموں پہ کس کا حق ہے

ہمیں تو ہیں وہ
جو طے کریں گے
کہ کس سے ان کے نکاح ہوں گے
یہ کس کے بستر کی زینتیں ہیں

وہ کون ہو گا جو اپنے ہونٹوں کو
ان کے جسموں کی آب دے گا

بھلے محبت کسی کے کہنے پہ
آج تک ہو سکی، نہ ہو گی
مگر یہ ہم طے کریں گے
ان کو کسے بسانا ہے اپنے دل میں

ہم ان کے مالک ہیں
جب بھی چاہیں
انھیں لحافوں میں کھینچ لائیں
اور ان کی روحوں میں دانت گاڑیں

یہ ماں بنیں گی
تو ہم بتائیں گے
ان کے جسموں نے کتنے بچوں کو ڈھالنا ہے

ہمارے بچوں کے پیٹ بھرنے
اگر یہ کوٹھے پہ جا کے اپنا بدن بھی بیچیں
تو ہم بتائیں گے
کس کو کتنے میں کتنا بیچیں

ہمیں کو حق ہے
کہ ان کے گاہک (جو خود ہمیں ہیں) سے
ساری قیمت وصول کر لیں

ہمیں کو حق ہے کہ ان کی آنکھیں
حسین چہرے، شفاف پاؤں
سفید رانیں، دراز زلفیں
اور آتشیں لب دکھا دکھا کر
کریم، صابن، سفید کپڑے، اور آم بیچیں
دکاں چلائیں، نفع کمائیں

ہمیں تو ہیں جو یہ طے کریں گے
یہ کس صحیفے کی کون سی آیتیں پڑھیں گی

یہ کون ہوتی ہیں
اپنی مرضی کا رنگ پہنیں
اسکول جائیں، ہمیں پڑھائیں
ہمیں بتائیں
کہ ان کا رب بھی وہی ہے جس نے ہمیں بنایا
برابری کے سبق سکھائیں

مزاحمتی نظمیں

یہ لونڈیاں ہیں یہ جوتیاں ہیں
یہ کون ہوتی ہیں اپنی مرضی سے جینے والی؟
بتانے والے ہمیں یہی تو بتا گئے ہیں

جو حکمرانوں کی بات ٹالیں
جو اپنے بھائی سے حصہ مانگیں
جو شوہروں کو خدا نہ سمجھیں
جو قدرے مشکل سوال پوچھیں
جو اپنی محنت کا بدلہ مانگیں
جو آجروں سے زباں لڑائیں
جو اپنے جسموں پہ حق جتائیں
وہ بے حیا ہیں

مردانہ کمزوری

شعیب کیانی

کوئی اپنا مَرا
میرا اپنا مَرا
میرے آنگن میں ماتم کی صف بچھ گئی
عورتیں بین کرتی رہیں
بچے روتے رہے
میں نہیں رو سکا

میری پہلی محبت جو سچی بھی تھی
اور سُچی بھی تھی
جب کسی نے اسے مسترد کر دیا
میرے سینے میں یک دم گھٹن بھر گئی

سانس رکنے لگی
میں نہیں رو سکا

مجھ پہ تہمت لگائی کسی شخص نے
میرے کردار کی لاش پر پاؤں رکھ کر وہ اونچا ہوا
میرے پیروں کے نیچے زمیں نہ رہی
میں نہیں رو سکا

جیسے چرواہا جھولی میں پتے دکھا کر
(جو ہوتے نہیں ہیں) بلاتا ہے اپنی طرف بکریاں
مجھ کو ایسے کسی نے کہا 'آ محبت کریں'
اس کے نزدیک جا کر کھلا
اس کی جھولی میں چاہت کے پتے نہیں
میری چیخیں گلے میں رکی رہ گئیں
میں نہیں رو سکا

میں نے دفتر میں اک نوکری ڈھونڈ لی
تھوڑا تھوڑا وہاں روز مرتا رہا
کام کرتا رہا
میرے کانوں میں لاوا انڈیلا گیا
میرے چہرے کی رونق مٹائی گئی
ایک اک رگ سے خوں کو نچوڑا گیا
میرا سارا بدن زرد ہوتا رہا
درد ہوتا رہا
میں نہیں رو سکا

میرے کاندھے پہ عورت کو رکھا گیا
پشت پر باپ کا کنبہ لادا گیا

سر پہ کوّے بھی بھو کے بٹھائے گئے
میرے ہاتھوں میں تلوار دے دی گئی
مجھ کو میرے خدا سے ڈرایا گیا
جب کمر جھک گئی
میں گھسٹ کر چلا
کہنیاں چھل گئیں
گھٹنے زخمی ہوئے
خون رستا رہا
میں نہیں رو سکا

حادثوں، آفتوں
بم دھماکوں، وباؤں میں اور جنگ میں
میرے اپنوں کی لاشیں اٹھائی گئیں
میرا دل بھر کے آنکھوں تلک آ گیا
میں نہیں رو سکا

رات دنیا سے چھپ کر
میں ایسے جہاں کو خیالوں میں
لاتا ہوں جس میں سبھی دوست ہوں
اس طرح جس طرح
پیڑ کی ایک ٹہنی کٹے تو سبھی ٹہنیاں
خود پہ محسوس کرتی ہیں
آرے کے دانت
اور سبھی ٹہنیاں اپنا رس بانٹتی ہیں کٹی شاخ سے
پھر کئی ٹہنیاں پھوٹتی ہیں اسی شاخ سے

ایک ایسے جہاں کو خیالوں میں لاتا ہوں
جس میں سبھی عورتیں

شادمانی میں کھل کر ہنسیں
درد میں مرد بھی روسکیں
میں بہت رو کے چلّا کے دنیا کو بتلا سکوں
میرے اعصاب میں کس قدر درد ہے
میں تصور میں لاتا ہوں ایسی جگہ
جس جگہ مجھ کو روتا ہوا دیکھ کر
کوئی یہ نہ کہے
'مرد بن... مرد بن...'

صبح ہوتے ہی میں
اپنی ساری اذیت کو
کاندھوں پہ لادے ہوئے کام پر جاتا ہوں
اُس جہاں کے خیالوں سے باہر نکل آتا ہوں
کیوں کہ ایسا جہاں
میری مردانگی کو گوارا نہیں

بلیک ہول

عارف اختر نقوی

خواب آسودگی کا دلوں میں سجائے ہوئے
اپنے گھر بار کو چھوڑ کر شہر آئے تھے وہ
کتنے برسوں سے اپنوں سے وہ دور تھے
شہر والے امیروں کی آسائشوں کے لیے
ان کے گندے گٹر صاف کرتے تھے وہ
کتنے مجبور تھے
اگلی برسات آنے سے پہلے
گھر کی چھت کی مرمت
چھوٹی بہنوں کی شادی
بوڑھی ماں کی دوا
تنگ دستی میں جیتے تھے خود
پیسہ پیسہ بچاتے تھے گھر بھیجنے کے لیے
آئی ایسی وبا کام سب رُک گیا
جن کے گھر تھے وہ سب گھر پہ محفوظ تھے
موت اور بھوک کے بیچ مزدور تھے
شہر کی بھکمری سے پریشان ہو کر
سیکڑوں میل پیدل ہی چل کر
اپنے گھر جا رہے تھے
سارے دن دھوپ میں چلتے چلتے
ناتواں جسم جب تھک گئے

ریل کی پٹریوں کو ہی بستر بنا کر
گاؤں گھر بار کے خواب دل میں بسائے
پٹریوں پہ ہی وہ سو گئے
جب سویرا ہوا
خون ہی خون تھا پٹریوں پر بہا
خواب کوئی نہ تھا
دور تک خون کا اک سمندر تھا بس
اس سمندر کے مرکز میں تھیں
کچی پکّی سی کچھ روٹیاں
جیسے دنیا کہ نقشے میں کچھ قطعہ ارض ہیں
اور سمندر رہیں چاروں طرف
اور پھر یوں ہوا
خون کے اس سمندر کو جوش آ گیا
جس کے مرکز میں تھیں روٹیاں
اک بھنور بن گیا
تیز رفتار سے رقص کرتا ہوا
اور لاشوں کے مرکز میں
بکھری ہوئی روٹیوں کو نگلنے لگا
ساتھ ہی روٹیوں کے
سب صحیفے، کتابیں
نظریات اور فلسفے
اس بھنور کے بلیک ہول میں
گہرے پاتال کی سمت جانے لگے

مکوڑوں کے آخری خطوط

سدرہ سحر عمران

ہمیں درختوں سے نہیں اتارا گیا
ہم مکڑی کے جالوں کی طرح زمین کی چھاتیوں پر تن گئے ہیں
ہم اپنے بدن پر رینگتے رینگتے
ایک دن اتنے بڑے ہو جائیں گے
کہ زمین کا سالم ٹکڑا نگل جائیں
ہم نے اچھی زندگی کے بارے میں
کبھی نہیں سوچا
ہمیں کل کی تاریخوں میں مت مارو
ہم نے خدا سے وعدہ کیا ہے
جنت کی چابیاں چرانے سے پہلے پہلے
زمینی دوزخ کی سیر کر کے آ ئیں گے
ہمارے گھروں کے باہر
نہ سڑکیں ہیں، نہ سرسبز لان، نہ درخت ہیں
نہ گاڑیاں
وہاں صرف جنازے ہیں
ہم پھولوں سے کوئی بات نہیں کرتے
انھیں دیکھ کر ہمیں قبریں یاد آتی ہیں
ہم پانیوں سے دور بھاگتے ہیں
ایسا لگتا ہے ابھی ہمیں تختوں پر ڈال دیا جائے گا
لوگ سفید کپڑے اور خوشبو کے تحفوں کے ساتھ

آئیں گے
جب کہیں سے صفیں کھڑکنے کی آواز آتی ہیں
ایسا لگتا ہے ہماری موت کا اعلان ہونے والا ہے
خدا کے لیے ساری مسجدیں تباہ کردو
سارے لاؤڈ اسپیکرز جلا کر راکھ کردو
خدا کے لیے...
سارے پیش اماموں کو درختوں سے الٹا ٹانگ دو

ڈیتھ سر[illegible] پر لکھی ایک نظم

سدرہ سحر عمران

میں اس آدمی کی زبان
کاٹ دینا چاہتی ہوں
جس نے پہلی بار
پاؤں چاٹنے کی روایت قائم کی

میں اس لڑکی کے ہاتھ
قلم کرنا چاہتی ہوں
جس نے پہلی بار
ایک مرد کے پیروں کو چھوا

اس ماں کو سنگسار کرنا چاہتی ہوں
جس نے بیٹی کے خواب پھاڑ کر
بیٹے کی کتابوں پر کور چڑھائے
اور بیٹی کو بدبودار شوہر دیتے ہوئے
بیٹے سے آتی کوٹھے کی خوشبو
نظر انداز کردی

اس باپ کو
کوڑے کے جلتے ہوئے ڈھیر میں
دبا دینا چاہتی ہوں
جس نے اپنے بستر میں
ایک کنواری لڑکی حاملہ کی
اور بیٹی کو
غیرت کی تیلی سے پھونک دیا

اپنی آستین زہر سے خالی کرو

سدرہ سحر عمران

کوئی ان جانوروں کی کھالیں بھی جمع کرے
جو انسانی شکلیں پہن کر
بستیوں میں چیر پھاڑ کرنے آدھمکتے ہیں
یہ آگ کھائے ہوئے
حرامی کوؤں کی طرح قبریں تراشتے
دوڑتے پھرتے ہیں بددعاؤں کی طرح
وبا کے موسموں سے ڈرنے والو!
یہ لوگ تمھارے بدن میں سانپوں کی طرح
رینگ رہے ہیں
انھیں جنگل کی زبان میں بتاؤ
کلہاڑی کا ایک مطلب فساد فی الارض بھی ہوتا ہے

شناختی کارڈ کا قتل

سدرہ سحر عمران

میرے جوتے وطن نے چوری کر لیے
اور میں پاؤں چھپانے کے لیے
زمین ڈھونڈتا رہا
میں جانتا تھا موت کی ایک وجہ
علاقائی زبان بھی ہوتی ہے
لیکن میں خود کو قتل ہوتے
نہیں دیکھ سکتا تھا

میں نے پہلی جنگ اپنے خلاف لڑی
اور آخری اس خوف سے
جو اونچے پہاڑوں سے
پسینے کی طرح بہہ رہا تھا

میں نے اپنے آپ سے غداری کی
اور سمندر سے کہا مجھے پھاڑ کھائے

وطن اس دلہن کی طرح
میرے نکاح میں لایا گیا
جس کے کنوار پن پر
کسی خنزیر کی مہر ثبت ہو!!

مسلمانو! تم پر خدا کی لعنت ہو

سدرہ سحر عمران

ہم تاریخ کے گھونسلوں سے گرے
سرخ پرندے ہیں
نہ شاخ، نہ زمین، نہ آسمان

کوئی ہماری ولدیت میں حصے دار نہیں
یتیم مسجدیں
ہمیں جنازوں کے لیے پناہ دیتی ہیں
مگر ہم دفنائے نہیں جاتے
ہم قیامت کی یاد میں
شمعیں جلاتے
موت کے جنم دن مناتے ہیں
کوئی تالیاں پیٹنے نہیں آتا
ہزاروں پتھر، بے رنگ پرچم
تماش بین فرقے
ہماری بے مکانی کو گھورتے ہیں
ہنس پڑتے ہیں ہماری نوحہ خوانی پر
اور گونگے پن کی سازشوں میں
ترانوں کے بیج بونے والے
ہیش ٹیگ مسلمان
ہمارے لیے
نیند، ٹوئٹر اور عیاشی چھوڑ کر نہیں آتے

سنو!

ارشد عبدالحمید

سنو!
وہ آ گئے ہیں

وہ کہ جن کی دانش وحکمت کے چرچے مینڈکوں میں روز افزوں ہیں

وہ جن کے لفظ جنگ وخون کے خدشات کی بھیڑوں کی مانند ایک ہی جانب سُروں سے سُر ملائے چلتے رہتے ہیں

وہ جن کے خشمگیں وہم وگماں کے بھیڑیے اپنی دلیلوں پر خود اپنے ہی نکیلے ناخنوں کو تیز کرتے ہیں

وہ جن کو بھوک کی ماری ہوئی کچلی ڈری سہمی نگوڑی بکریوں کے ہوش اڑانے میں بلا کا لطف آتا ہے

وہ اب پھر آ گئے ہیں اور ان کی سر د افواہوں کی جھوٹی لومڑی وحشت کے اطراف آگ اُگلتی ہے

ڈرانے، ہوش اڑانے والے ریوڑ ہانکتے وہ اپنی جانب یوں بڑھے آتے ہیں جیسے سرخ آندھی منہ کو آتی ہے

سنو!
اس بار بھی چالاک لوگوں کی صداؤں پر خود اپنے ہی یقیں کے سبز ڈربوں سے اچانک مت نکل آنا

سنو!
اس بار بھی آواز کرتی کانپتی بطخوں کی مانند اپنے علم و تجربے کی معتبر آواز کو ٹھکرا کے خود کو
زرد پانی میں ڈبو دینے کی کہنہ بھول مت کرنا

سنو!
افواہ کے کوؤں کی آوازوں پہ اپنے کان مت دھرنا

سنو!
اس جانور خانے میں اک خارش زدہ کتے کی بے بس موت مت مرنا

تم اپنا قتل مت کرنا!

تم نہیں مانتے

ارشد عبدالحمید

طیش میں ہے سمندر
بہت طیش میں

تم نہیں مانتے
تم نے اس وقت بھی تو نہیں مانا تھا
کنکھجورے نے جب
مسندِ نظم پر
انگنت پاؤں گاڑے تھے تفریق کے
کیکڑے زہر کا قشقہ کھینچے ہوئے
خون کرتے تھے حق اور انصاف کا
گھونگھے
ہاتھوں میں چمکیلے خنجر لیے

صبر کی
بھائی چارے کی لنچنگ میں مصروف تھے
ڈنگ بیٹل
ثقافت کا ٹھیکہ لیے
مچھلیوں کے لباسوں پہ تھے معترض
عشق کی جوڑیاں
جن کی نفرت شعاری سے مقہور تھیں

تم نہیں مانتے
سامنے جو سمندر ہے پھیلا ہوا
اپنی تاریخ میں
کیا کبھی اتنا خاموش تھا
لہریں ناپید ہیں
مچھلیوں اور آبی پرندوں کی کلکل نہیں
کوئی بیڑا نہیں کوئی ہلچل نہیں

تم نہیں مانتے
نیل نے جب ڈبویا تھا فرعون کو
اتنی ہی خامشی تھی مضافات میں
طیش میں تھا مگر
اندر اندر سمندر خفا تھا بہت
ساکت و بے خلل

تم نہیں مانتے
یہ خموشی کی دیوار گریہ نہیں
ایک طوفان کا گنبدِ بے صدا ہے
جو گونجا تو ہلچل پلٹ آئے گی
کنکھجورے کی

سارے ہی کیڑے مکوڑوں کی
بازی الٹ جائے گی

تم نہیں مانتے
تم نے پہلے بھی تو یہ نہیں مانا تھا

ابوالہول کا بیٹا

ارشد عبدالحمید

ابوالہول کا بیٹا
تخت پر متمکن
اپنے بہی کھاتے کے پنے پلٹ رہا ہے
اس نے
مملکت کی تمام فاختاؤں کو
قید کر لیا ہے
زیتون کے تمام درختوں کی
بیخ کنی کر دی ہے
اتھاہ پانی پر تیرتی
تمام کشتیوں کو اُلٹ کر رکھ دیا ہے
پھر بھی
ایک کشتی
بڑھی آتی ہے
بڑھتی ہی آتی ہے
جس پر 'انتظار' لکھا ہے

ابوالہول کا بیٹا
خسارے میں ہے

کہ اس کے حکم سے
کشتی والوں کا انتظار نہیں مر سکتا
ابوالہول کا بیٹا
انتظار پر کوئی ٹیکس عائد نہیں کر سکتا

ابوالہول کا بیٹا
دیوالیہ ہونے کو ہے

چھ دسمبر

ارشد عبدالحمید

سمجھ میں کچھ نہیں آتا
گزشتہ تیس برسوں سے
مری دیوار پر لٹکے کلنڈر کے
سبھی خانے
کسی سائے کی زد میں ہیں
وہ اک تاریخ ہے جس نے
سبھی تاریخ کے خانوں کی **نجتا** چھین رکھی ہے
سھجتا چھین رکھی ہے

وہ سب تقدیر والے ہیں
کہ جن کا چھ دسمبر
چھ دسمبر ہی کو آتا ہے
اسی دن لوٹ جاتا ہے

مگر میرے کیلنڈر میں
یہ ظالم چھ دسمبر
منھ اٹھا کر جب جہاں چاہے

کسی بھی دن
کسی بھی ماہ میں گھس کر
وہ واویلا مچاتا ہے
کہ اللہ یاد آتا ہے

ابھی اس دن
دوالی کا بڑا دن تھا
میں ہمسائے کے سنگ اپنی خوشی کو بانٹنے نکلا
کہ وہ منحوس آدھمکا
بڑے دن کا بڑا خانہ
عزیزی چھ دسمبر کے بڑے سے سائے میں دب کر
یوں غائب ہو گیا جیسے
میں غائب ہو گیا ہوں اپنے مرکز سے

کرسمس ہو کہ عیدیں ہوں
وہ سردی کے ہوں وعدے
یا وہ گرمی کی وعیدیں ہوں
کلنڈر سے سبھی کا رنگ عنقا ہے
مہینے جتنے ہیں سارے
دسمبر کے مہینے ہیں
ہر اک تاریخ چھ تاریخ ہے ٹھنڈے دسمبر کی

دسمبر آتو جاتا ہے
مگر رخصت نہیں ہوتا

منیٰ میں تیرا مجرم ہوں

ارشد عبدالحمید

منیٰ!

میں تیرا مجرم ہوں

کہ میں نے تیرے عرصے تک پہنچ کر بھی

ترے فرض کفایہ سے

کوئی رشتہ نہیں رکھا

مری مٹی کے سب ابلیس سینہ تانے قائم ہیں

مری ماں کے شفیق آنگن پہ میرا حق نہیں ہے

مرے پرکھوں سے اب میرا لہو بالکل نہیں ملتا

نہ پیدائش کا کاغذ ہے

نہ مرنے کا کوئی رقعہ

نہ ہمسائے کا ہمسایہ

نہ میں بھائی کا بھائی ہوں

مری اس بے گھری کا غول اب شاہین باغ اپنے جلو میں لے کے چلتا ہے

منیٰ!

اس باغ سے ہوتا ہوا تجھ تک تو آ پہنچا

مگر اب بھی

مری ہمت کا یہ عرفات

میری جاں کا مزدلفہ

مجھے میرے ارادوں کا کوئی کنکر

تگ ودو کا کوئی پتھر

عنایت کرنے کے قابل نہیں ہے

مرے آگے مرے شیطان اپنا سینہ تانے ایستادہ ہیں

مگر میں بے سروساماں

رمی کرنے سے قاصر ہوں

منیٰ!

میں تیرا مجرم ہوں

بین السطور
ارشد عبدالحمید

ایک کھنڈر ہے
خوفناک کھنڈر
(جیسا فلموں میں ہوتا ہے)
میں ایک ٹوٹے پھوٹے ستون کے ساتھ
رسیوں سے بندھا ہوا ہوں
ستون اصولوں کا ہے
کردار والے اصول
رسیاں نئی ہیں
جبر و استبداد کے نئے پینترے
رنگا اور بلا
اپنے گرگوں کے ساتھ
خونی ہتھیاروں سے لیس ہیں
رنگا کے دماغ میں
فرعونیت ہے
بلا کے آنکھوں میں
رعونت
کسی کے ہاتھ میں اکثریت کی تلوار ہے
کسی کے کاندھے پر
مذہب کے غلط استعمال کی بندوق
کوئی ایوانی بہومت کی پینک میں ہے
کوئی دولت کے نشے میں چور
(میں مظلوم اور مجبور)
ان کے ڈراؤنے قہقہے

پہاڑوں سے لوٹتی بازگشت میں
اور بھی خوفناک ہو گئے ہیں
وہ میرے بازوؤں کو کاٹنے کے لیے
تلوار اٹھاتے ہیں
میری جان نکلنے ہی والی ہے
کہ ہدایت کار منظر کو کٹ کر دیتا ہے
میں اس تمام منظر کو
مانیٹر پر دیکھتا ہوں
لیکن یہ کیا؟
مانیٹر میں
جس رسی سے میرے ہاتھ بندھے ہیں
اس پر تو نا اہلی لکھا ہے
رنگا کوئی رنگا ہے
نابلا کوئی بلا
کوئی میری جہالت ہے
تو کوئی میری بد اخلاقی
کوئی میرا گناہ ہے
تو کوئی مرا تساہل
کوئی میری مجرمانہ خاموشی ہے
کوئی میری نیت سیاہ
اور اپنے ووٹ کے
غلط استعمال کا ٹیکا
میرے ماتھے پر چمک رہا ہے

فلمیں اور نظمیں
فرضی ہوتی ہیں
لیکن

ان کا بین السطور
جھوٹ نہیں بولتا

بھچنگ ڈی سونم کی نظمیں

ترجمہ: فہمینہ علی

بھچنگ ڈی سونم تبت کے اہم شاعر ہیں۔ ہجرت پر مشتمل ان کی نظموں نے دنیا بھر میں شہرت حاصل کی ہے۔ ان نظموں کو دیکھتے ہوئے نظم کی طاقت کا احساس ہوتا ہے۔ درحقیقت انھیں نوکیلے تاروں سے لکھا گیا ہے۔ جلاوطنی رہجرت کے درد اور ستم ظریفی کو پڑھتے ہوئے یہ احساس ہوتا ہے کہ جبراً اپنی زمین سے بے دخل کر دیے جانے کی تکلیف کیا ہوتی ہے۔

کب ہوا تھا میرا جنم؟

ماں کب ہوا تھا میرا جنم؟
اس سال جب ندی سوکھ گئی تھی
کب ہوا تھا ویسا؟
اس سال جب فصل برباد ہوئی تھی
ہم بھوکے رہے تھے کئی کئی دن
اور خوف زدہ تھے کہ تم بچو گے نہیں
کیا یہی تھا وہ سال جب ہم آئے تھے ایک نئے گھر میں؟
ہاں، یہی تھا وہ سال جب انھوں نے ہمارے گھر پر قبضہ کر لیا تھا
بانٹ دیا تھا اسے دیش بھکت پارٹی کے ممبران میں
اور ہم جلاوطن کر دیے گئے تھے گوؤشالا میں جہاں پیدا ہوئے تھے تم
کون سا تھا وہ سال ماں؟
وہی جب انھوں نے بودھ وِہاروں کو مسمار کر دیا تھا
پگھلا دی تھیں تانبے کی تمام مورتیاں بندوق کے چھرّے بنانے کے لیے
اور تم پیدا ہوئے جب آسمان دھول سے بھرا ہوا تھا

ماں، کیا یہی تھا وہ سال جب دادا ہم سے دور چلے گئے تھے؟
ہاں، وہی سال کہ جب تمھارے دادا کو قیدی بنا لیا تھا انھوں نے
غلاظت صاف کرتے تھے وہ وہاں
اور کھیتوں میں کیڑوں کو مارتے تھے
تم پیدا ہوئے اور گھر میں کوئی مرد نہ تھا
ماں، کیا میں پیدا ہوا اس سال جب دیواریں گرائی گئی تھیں؟
ہاں، وہی تھا یہ سال جب انھوں نے عبادت گاہ کو نیست و نابود کر دیا تھا
پرخچے اڑا دیے تھے چھت کے ٹائلوں کی، دیوار پر لگیں تصویریں مٹ میلے کر دیے تھے
تم پیدا ہوئے جب مشرقی سمت سے ایک وحشی ہوا بہہ رہی تھی
کون سا تھا وہ سال ماں؟
وہی جب انھوں نے جلا دیا تھا مذہبی صحیفوں کو
گاؤں کے چوراہے پر
اور اپنے گروہ کی تعریف میں گائے تھے انقلابی نغمے
تم پیدا ہوئے تھے اور گھاس کے تنکوں نے اُگنا بند کر دیا تھا
ماں، کیا یہی وہ سال جب تم نے گانا بند کر دیا تھا؟
ہاں یہی تھا وہ سال جب وہ پڑوسن کو لے گئے تھے
ڈال دیا تھا مزدور کیمپ میں
کیونکہ نہر کھودتے وقت وہ گنگنا رہی تھی ایک لوک گیت
تم پیدا ہوئے جب لوگ ایک ایک کر غائب ہوتے جا رہے تھے
کب ہوا تھا یہ؟
اسی سال جب انھوں نے دیواروں پر
بڑا سا سرخ نعرہ لکھ دیا تھا
'جو سر باہر نکلے، کچل دیے جائیں گے'
تم پیدا ہوئے تھے
جب آفتاب آسمان سے غائب ہو گیا تھا
کب ماں؟
اسی سال جب تمھارے ابا... تمھارے ابا...

انھیں ہڑپ لو

آپ کی پلیٹ میں رکھا ہے بٹر چکن
کل تک وہ مرغی تھا
جس کے چوزے انڈوں سے نکلے نہیں ابھی
آپ ذائقہ دار کھانے کا لطف اٹھائیے

پچھلی گرمیوں میں، میں نے جس اونٹ کی سواری کی تھی
وہ اب چمڑے کا ایک بیگ بن چکا ہے
سجا ہے ایک جدید شوروم میں
کبڑا ہونا بھی ایک لعنت ہے

اس پر بہت جچتا ہے مسکارہ
مگر اس کی آنکھوں تک آنے سے پہلے
وہ کتنے ہی چوہوں کی آنکھیں پھوڑ چکا ہوتا ہے
چوہے اب بلیوں سے زیادہ مسکارے سے ڈرتے ہیں

بدھ کے قدیم مجسمہ کی نقل
اس کے عالی شان حمام میں کھڑی ہے
عوام کے اجتماعی ایمان کی علامت
اب روز اسے موتتے ہوئے گھورتا ہے

وہ دہاڑتا ہوا مغرور باگھ
جو بڑی شان سے بنگال کے جنگلوں میں
چہل قدمی کیا کرتا تھا
اب تمھاری پوشاک کا بارڈر ہے
لیکن
اسے پہن کر بھی تم

ایک بھیگا ہوا کتا نظر آتے ہو

جلاوطنی

گھر سے دور اپنے 36ویں کرائے کے کمرے میں
میں ایک پھنسی ہوئی شہد کی مکھی
اور تین ٹانگوں والی مکڑی کے ساتھ رہتا ہوں
مکڑی دیوار پر رینگتی ہے
میں فرش پر
شہد کی مکھی کھڑکی بجاتی ہے
میں میز
اکثر ہم اپنی تنہائی کی برج
بانٹتے ہوئے ایک دوسرے کو گھورتے ہیں
وہ دیواروں کو بیٹ اور جالوں سے
رنگ دیتی ہیں
میں انھیں الگ الگ نام دے دیتا ہوں
مثلاً جال، چکرو ہیو، پھندہ،
پنکھ، بھنبھناہٹ، پھڑ پھڑاہٹ

دور گھر سے
میرے منٹ گھنٹوں کے مترادف ہیں
مکڑی جس کھڑکی سے چھت تک کا سفر کرتی ہے
شہد کی مکھی اس کھڑکی سے کوڑے دان تک اُڑتی ہے
گھورتا ہوں اسی کھڑکی سے باہر
نہیں بول سکتا کوئی بھی ہم میں سے دوسرے کی زبان

میں چاہتا ہوں

کاش! میرے چپ ہونے سے پہلے
بہرے ہو جاؤ تم

کہیں زیادہ

کون جانے؟
جو سوچتے ہیں کیسے سوچتے ہیں
کیسے طے کرتے ہیں
کہ کس ہڈی سے محبت کرنی ہے
کس کی حقارت
کس کے سامنے دُم ہلانی ہے
کہاں لٹکانی ہے زبان

اگر تم ایک کتے ہوتے
تو کس پر بھونکتے؟

سرخ

(تین زی سنڈو کے لیے)

وہ مجھ سے پوچھتے ہیں، اس کا خون اتنا گرم کیوں ہے؟
میں انھیں بتاتا ہوں
جب سرخ بندوقیں ہماری پُرسکون پہاڑیوں میں گرجی تھیں
تم یتیم ہو گئے تھے
تمھیں پربتوں نے بھی تنہا چھوڑ دیا تھا جب
ہمارے کاٹھ کے کٹورے پلٹ دیے گئے تھے

تمھارا خون وقت کے جزر سے ٹکراتا ہے

کھولتا میرا خون بھی ہے
لیکن یہ میری پیشانی کو سرخ نہیں کرتا
میرے جذبوں کو جنونی نہیں بناتا

مرے اندر بھی گردش کر رہا ہے وہی خون
جو پہاڑی ہوا کے گیت گاتے ہوئے
عظیم جنگجوؤں کے ساتھ ہم قدم ہو کر
دوڑتا ہے تمھارے اندر
ہم دونوں کے خون پر ایک ہی برف کے
مرغولوں کے نشان رقم ہیں

وہ تمھارے لیے پوچھتے ہیں
اس کی آواز اتنی تیز کیوں ہے
اور میں کہتا ہوں
ہمارے نیلے آسمان سے لہراتے گرتے
بموں نے
تمھارے گیت چرا لیے ہیں
گرتی چھتوں کے نیچے سے آتی ہوئی ہماری ماؤں کی چیخوں نے
تمھاری آواز کے سارے راگ ختم کر دیے ہیں
گھڑی تمھارے وقت کے خلاف چل رہی ہے
میری آواز بھی تیز ہوتی ہے
پر یہ میری پیشانی کو سرخ نہیں کرتی
جبکہ
پہاڑی دیوتاؤں کو پکارنے کے لیے
جنگجوؤں کا رزمیہ سنانے کے لیے
تم جیسا ہو پانے کے لیے
پکارتی ہے مجھے بھی وہی آواز

جو تمھیں پکارتی ہے

(تین زی سنڈو ایک انقلابی شاعر ہیں جنھوں نے اپنی پیشانی پر ایک سرخ رنگ کا پٹہ اس عزم کے ساتھ باندھا ہے کہ وہ کمیونسٹ چین کے غیر واجب قبضے سے تبت کی آزادی تک اسے نہیں کھولیں گے)

دراپچی قید تنہائی میں ایک ہزارواں دن

تم صرف مجھے باہر گھسیٹ لاؤ
میں تمھارے سارے الزام قبول کرلوں گا
اور جرم کے قبول نامے پر دستخط بھی کر دوں گا
نہیں، مجھ پر جبر آزمانے کی ضرورت نہیں
میں جسم سے ٹوٹا ہوا ہی ہوں
پھر بھی چاہو تو بلا تکلف مجھ پر
نئی کراٹے کک کی مشق کر سکتے ہو
میں ایک بے جان تاریکی ہوں

اس سرد کوٹھری میں مجھے گرمی لگتی ہے
سناٹے میں آوازیں سنائی دیتی ہیں
میری یہ تباہ زندگی تقسیم شدہ تصویروں کی
بوچھار سے ناراض ہے
میری خون سے سنی ہوئی ناک
کب کی جل بجھ چکی اگر بتی کی
خوشبو کو سونگھ رہی ہے
اس کے نیلے دھویں کے مرغولے
اب بھی میری الجھی ہوئی سوچ میں تیر رہے ہیں
مجھے بجلی کے جھٹکے کھانے کی لت لگ چکی ہے
اپنی بجلی کی چھڑ مجھے چبھاؤ نہ

تمھاری آواز میں آج ڈنک کیوں نہیں ہے
اپنا گلا صاف کرو، اپنا چہرہ سرخ کرو
اپنی گردن کی نسیں تان لو، ناک سکوڑ لو
اور پھر میں تمھاری زوردار چیخ سننا چاہتا ہوں
میرے پیٹ پر بھرپور طاقت سے مارو
مجھے الٹا لٹکا دو
اس سب سے میں جوش سے بھر جاتا ہوں
اور اپنی منزل پر توجہ مرکوز کر پاتا ہوں
مجھے بدھ اور زیادہ صاف نظر آ رہے ہیں
تمھارے کاندھے پر جڑے سرخ ستارے دھندلے ہو رہے ہیں
طوفانی درّے کے پاس ایک برفانی شیر
بری طرح چھٹپٹا رہا ہے
یہ مغالطہ ہے، غلط فہمی ہے یا تصور ہے
مجھے اس اندھیرے سے باہر کھینچ نکالو
میں جرم کے قبول نامے پر دستخط کر دوں گا
مجھ میں کچھ باقی نہیں
سوائے اس سچ کے جو میرے دماغ میں نظر بند ہے

(دراپچی، لہاسا میں چینی حکومت کے زیر نگرانی بدنام قید خانہ ہے جہاں تبتی سیاسی قیدیوں کے ساتھ وحشیانہ برتاؤ کیا جاتا ہے۔)

نجوان درویش کی نظمیں

ترجمہ: فہمینہ علی

آٹھ دسمبر کو پیدا ہوئے نجوان درویش (8دسمبر 1978) کو فلسطین کے شعرا میں نئی نسل اور معاصر عربی شاعری کی توانا آواز ہیں۔ محمود درویش کے بعد وہ شاعری میں فلسطین کے درد اور جدوجہد کے سب سے بڑے ترجمان ہیں۔ ان کی تخلیقی کائنات بے وطنی کا نقشہ ہے۔ وہ ایک ایسی جگہ کی تکلیف سے لبریز ہے جو زمین پر نہیں بنی ہے، صرف عوام کے دل اور دماغ میں ہی آباد ہے۔

نجوان کی نظموں کا مزاج اور ان کی تشکیل محمود درویش سے کافی مختلف ہے۔ ان میں درویش کے رومانی اور کچھ حد تک کلاسیکی انداز بیان سے الگ حقیقت کو المیہ کی نظر سے دیکھا گیا ہے۔ ان کی نظموں کے دو مجموعے شائع ہوئے ہیں: 'کھونے کے لیے کچھ نہیں' اور 'غزہ میں سوتے ہوئے۔' نیو یارک ٹائمس نے دو سال قبل انھیں 'چالیس سال سے کم عمر کا سب سے بڑا عربی شاعر' کہا تھا۔ نجوان لندن سے شائع ہونے والے نمائندہ اردو اخبار 'العرب الجدید' کے ثقافتی مدیر ہیں۔ کچھ عرصہ قبل ساہتیہ اکادمی کے زیر اہتمام منعقدہ 'سبد' انٹرنیشنل کویتا مہوتسو اور رضا فاؤنڈیشن کے بین الاقوامی کویتا مہوتسو 'واک' میں یہ نظمیں پڑھ چکے ہیں:

ہم کبھی رکتے نہیں

میرا کوئی وطن نہیں جہاں واپس جاؤں
اور کوئی وطن نہیں جہاں سے کھدیڑا جاؤں
ایک درخت جس کی جڑیں
بہتا ہوا پانی ہیں
اگر وہ ٹھہر جاتا ہے تو مر جاتا ہے

اور اگر نہیں ٹھہرتا
تو مر جاتا ہے
میں نے اپنے سب سے اچھے دن گزارے ہیں
موت کے رخساروں اور باہوں میں
اور وہ زمین جو میں نے ہر روز گنوائی ہے
ہر دن مجھے حاصل ہوئی دوبارہ
لوگوں کے پاس تھی اک اکلوتی زمین
لیکن میری شکست میری زمین کو کئی گنا بڑھاتی گئی
ہر نقصان کے ساتھ نئی ہوتی گئی
میری ہی طرح اس کی جڑیں پانی کی ہیں
اگر وہ ٹھہر گئی تو سوکھ جائے گی
اگر وہ ٹھہر گئی تو مر جائے گی
ہم دونوں چل رہے ہیں
دھوپ کی شہتیروں کی ندی کے ساتھ ساتھ
سنہری دھول کی ندی ساتھ ساتھ
جو پرانے زخموں سے اُگتی ہے
اور ہم کبھی رکتے نہیں ہم دوڑتے جاتے ہیں
کبھی ٹھہرنے کے بارے میں نہیں سوچتے
تاکہ ہمارے دوراہے مل سکیں آپس میں
میرا کوئی وطن نہیں جہاں سے کھدیڑا جاؤں
اور کوئی دیش نہیں جہاں واپس جاؤں
ٹھہرنا...
میری موت ہوگی

بھاگو!

ایک آواز مجھے یہ کہتے ہوئے سنائی دیتی ہے: بھاگو

اور اس انگریزی جزیرے کو چھوڑ کر چل دو
تم یہاں کسی کے نہیں ہو اس سجے دھجے ریڈیو کے سوا
کافی کے برتن کے سوا
ریشمی آسمان میں قطار باندھے درختوں کے حصار کے سوا
مجھے آوازیں سنائی دیتی ہیں ان زبانوں میں جنھیں میں جانتا ہوں
اور ان میں جنھیں میں نہیں جانتا
بھاگو!
اور ان خستہ حال سرخ بسوں کو چھوڑ کر چل دو
ان زنگ آلود ریل کی پٹریوں کو
اس ملک کو جس پر صبح کے کام کا جنون سوار ہے
اس کنبے کو جو اپنی بیٹھک میں سرمایہ داری کی تصویر لٹکائے رہتا ہے
جیسے کہ وہ اس کے اجداد میں ہو
اس جزیرے سے بھاگ چلو!
تمھارے پیچھے صرف کھڑکیاں ہیں
کھڑکیاں دور جہاں تک تم دیکھ سکتے ہو
دن کے اجالے میں کھڑکیاں
رات میں کھڑکیاں
روشن درد کے دھندلے نظارے
دھندلے درد کے روشن نظارے
اور تم آوازوں کو سنتے جاتے ہو: بھاگو!
شہر کی تمام زبانوں میں لوگ بھاگ رہے ہیں اپنے بچپن کے خوابوں سے
بستیوں کے نشانوں سے جوان کے قلمکاروں کی موت کے ساتھ ہی
زرد دستخط بن کر رہ گئیں
جو بھاگ رہے ہیں، وہ بھول گئے ہیں کہ کس چیز سے بھاگے ہیں،
وہ اس قدر بزدل ہیں کہ سڑک پار نہیں کر سکتے
وہ اپنی تمام بزدلی یکجا کرتے ہیں اور چیختے ہیں: بھاگو!

اگر تم یہ جان سکو

میں موت سے اپنے دوستوں کو نہیں خرید سکتا
موت خریدتی ہے
لیکن بیچتی نہیں ہے
زندگی نے کہا مجھ سے:
موت سے کچھ مت خریدو
موت صرف خود کو بیچتی ہے
وہ اب ہمیشہ کے لیے تمھارے ہیں، ہمیشہ کے لیے
وہ اب تمھارے ساتھ ہیں، ہمیشہ کے لیے
اگر تم صرف یہ جان سکو
کہ خود سے ہی
زندگی ہیں تمھارے دوست

میں جو تصور نہیں کر سکتا

سیاروں کے ڈھیر کے بعد جب ایک بلیک ہول
زمین کو نگل لے گا
اور نہ انسان بچیں گے نہ پرندے
اور وداع ہو چکے ہوں گے تمام ہرن اور درخت
اور تمام ملک اور ان کے حملہ آور بھی
جب سورج کچھ نہیں
صرف کسی زمانے کے شاندار شعلے کی راکھ ہو گا
اور یہاں تک کہ تاریخ بھی چوک جائے گی
اور کوئی نہیں بچے گا قصے بیان کرنے کے لیے
یا اس سیارے اور ہم جیسے لوگوں کے
خوف ناک خاتمے پر حیران ہونے کے لیے

میں تصور کر سکتا ہوں اس خاتمے کا
اس کے آگے شکست قبول کر سکتا ہوں
لیکن میں یہ تصور نہیں کر سکتا
کہ تب یہ ہوگا
نظم کا بھی اختتام

تم جہاں بھی اپنا ہاتھ رکھو

کسی کو بھی عیسیٰ کی صلیب نہیں ملی
جہاں تک عوام کی صلیب کی بات ہے
تمھیں ملے گا صرف اس کا ایک ٹکڑا
تم جہاں بھی اپنا ہاتھ رکھو
(اور اسے اپنا وطن کہہ سکو)
اور میں اپنی صلیب بٹور تا رہا ہوں
ایک ہاتھ سے
دوسرے ہاتھ تک
اور ایک لامتناہی سے
دوسری لامتناہی تک

ایک شعری نشست میں

ہر ایک شاعر کے سامنے ہے اس کے وطن کا نام
میرے نام کے پیچھے یروشلم کے علاوہ کچھ نہیں ہے
کتنا ڈراونا ہے تمھارا نام، میرے چھوٹے سے وطن
نام کے علاوہ تمھارا کچھ بھی نہیں بچا میری خاطر
میں اسی میں سوتا ہوں اسی میں جاگتا ہوں
وہ ایک ناؤ کا نام ہے جس کے پہنچنے یا لوٹنے کی کوئی امید نہیں

وہ نہ پہنچتی ہے اور نہ لوٹتی ہے
وہ نہ پہنچتی ہے اور نہ ڈوبتی ہے

آغوش

پریشان اور تر بہ تر
میرے ہاتھ پہاڑوں، گھاٹیوں، میدانوں کو آغوش میں لینے کی کوشش میں
زخمی ہوئے
اور جس سمندر سے مجھے محبت تھی وہ مجھے بار بار غرقاب کرتا رہا
عاشق کا یہ جسم ایک لاش بن چکا ہے
پانی پر تیرتی ہوئی
پریشان اور تر بہ تر
میری لاش بھی
اپنی باہوں کو پھیلائے ہوئے
مری جا رہی ہے اس سمندر کو گلے لگانے کے لیے
جس نے غرقاب کیا ہے اسے

تاخیری اعتراف

اکثر میں ایک پتھر تھا کاریگروں کے ذریعے ٹھکرایا ہوا
لیکن تباہی کے بعد جب وہ آئے
تھکے ماندے اور پچھتاتے ہوئے
اور کہنے لگے 'تم تو بنیاد کے پتھر ہو'
تب تعمیر کرنے کے لیے کچھ بھی نہیں بچا تھا
ان کا ٹھکرانا کہیں زیادہ برداشت کے لائق تھا
ان کے تاخیری اعتراف سے

جہنم میں

(1)

1930 کی دہائی میں نازیوں کو یہ سوجھا
کہ مظلوموں کو رکھا جائے گیس چیمبروں کے اندر
آج کے جلاد ہیں کہیں زیادہ پیشہ ور
انھوں نے گیس چیمبر رکھ دیے ہیں
مظلوموں کے اندر

(2)

جاؤ جہنم میں... ۲۰۱۰
ظالمو، تم جہنم میں جاؤ، اور تمھاری سبھی اولادیں بھی
اور پوری انسانیت بھی اگر وہ تمھارے جیسی نظر آتی ہو
کشتیاں اور جہاز، بینک اور اشتہارات، سبھی جائیں جہنم میں
میں چیختا ہوں، 'جاؤ جہنم میں...'
حالانکہ میں جانتا ہوں اچھی طرح
کہ تنہا میں ہی ہوں
جو رہتا ہے ادھر

(3)

لہٰذا مجھے لیٹنے دو
اور میرا سر ٹکا دو جہنم کے تکیوں پر

محفوظ

ایک بار میں نے امید کی خالی کرسی پر
بیٹھنے کی کوشش کی
لیکن وہاں پسرا ہوا تھا ایک لکڑ بگھے کی مانند

ُریزرُو نام کا لفظ
(میں اس پر نہیں بیٹھا: کوئی نہیں بیٹھ پایا)
امید کی کرسیاں ہمیشہ ہی ہوتی ہیں ُریزرُو

جال میں

جال میں پھنسا ہوا چوہا کہتا ہے:
تاریخ میرے حق میں نہیں ہے
تمام رینگنے والے جانور آدمیوں کے ایجنٹ ہیں
اور تمام انسانیت میرے خلاف ہے
اور حقیقت بھی میرے خلاف ہے
پھر بھی اس سب کے باوجود مجھے یقین ہے
میری اولادوں کی ہی ہوگی جیت

*
انا/V* مانیست

نعمان شوق

درجنوں شعر انا پر لکھے
سیکڑوں نظمیں ہیں خودداری پر
ایک دیوان غیرت پہ تیار ہے
سب کا سب ٹوکری میں رکھے
حافظے کی کمر سے مٹکتے ہوئے
چیختے، مسکراتے، لہکتے ہوئے
محفلوں میں سناتے ہیں جو

کیمرے کی نگاہ کرم کی طلب میں
کاذبوں، قاتلوں، زانیوں سے بغل گیر
فخریہ اک تبسم لبوں پر سجائے ہوئے
لفافے کو لولاک کی چابیوں کی طرح
اپنے دست تعفن میں تھامے ہوئے
کون ہیں یہ؟

آج اخبار میں ان کی تصویر کو غور سے دیکھ
ان کو پہچان لے

راندۂ حرمت حرف
مردود شعر و سخن
ہر بلاوے پہ سرکار کے
جھومتے دُم ہلاتے ہوئے

جو چلے آتے ہیں!
یہ ہم میں سے ہرگز نہیں
اور کچھ بھی ہوں لیکن یہ ہم میں سے ہرگز نہیں...

کچھ نئی آوازیں پرانے قبرستان میں
نعمان شوق

مکھی کی طرح پڑی ہے
آپ کی چائے کی پیالی میں
ہماری وفاداری

ہم جو بابر کی اولاد یں نہیں
باہر نکلنا چاہتے ہیں
تعصب اور ریاکاری کے اس مقبرے سے

آخر
کب تک سنتے رہیں گے ہم
تاریخ کے جھوٹے کھنڈروں میں
اپنی ہی چیخ کی بازگشت

آپ جو بانسری بجا رہے ہیں
جمہوریت نما گائے کی پیٹھ پر بیٹھے
شہر کے سب سے پرانے قبرستان سے
اٹھتی آوازیں
سنائی دے رہی ہیں آپ کو؟

مسخروں کے درمیان
نعمان شوق

نام نہاد جمہوریت کے
عظیم الشان بوچڑ خانے میں
گھس آئے ہیں
بھیڑیوں کے غول

باہر کھڑے دانشور، صحافی
اور اپنی چمکتی چھاتیوں پر
انصاف کے تمغے سجائے لوگ
لطیفے سنا رہے ہیں ایک دوسرے کو
اور سن رہے ہیں
چپڑ... چپڑ کا شور

لکشمن ریکھا
نعمان شوق

نہیں!
آپ نہیں سمجھا سکتے مجھے
جینے کا مطلب

نہیں بتا سکتے
صبح اٹھ کر کتنی دور ٹہلنا
کتنی دور کسرت کرنا ضروری ہے
تندرست رہنے کے لیے
کھانے کے لیے گوشت مناسب ہے

یا ساگ سبزیاں
رونے کے لیے مناسب جگہ
دفتر ہے یا باتھ روم
مجھے سمجھانا مشکل ہے
کتنا مسکرانا چاہیے
کیمرے کے سامنے
اور کتنا
ایک پرانے دوست کو دیکھ کر

محبوبہ کو چاہنے سے
بڑھتا یا کم ہوتا ہے
بیوی کے حصے کا پیار
مجھے نہیں بتایا جا سکتا

شہید کہلانے کے لیے سرحد پر مرنا ضروری ہے
ایک قبرستان کی چوکیداری کرتے ہوئے
یا پھر
مسجد، مندر یا گرجا گھر میں
مذہبی ہونے کا ڈھونگ کرتے ہوئے
مجھے نہیں پوچھنا کسی سے

جینے کی للک
اور موت کی دہشت سے بنی لکشمن ریکھا
نہیں کھینچی جا سکتی میرے گرد

کسی تاناشاہ کے سنگھاسن پر
اپنے پاؤں رکھ کر سونے کا مطلب
جانتا ہوں میں!

ہاں مسلمان = نہیں مسلمان

نعمان شوق

وہ
جو کبھی نہیں رہے
مسلمانوں کے محلے میں
گندگی کے ڈر سے

جنھوں نے احمد، محمد یا علی
نہیں لگایا بچوں کے نام کے ساتھ
مکہ یا مدینہ کی جگہ
فلمی اداکاروں یا اداکاراؤں کی
ڈرائنگ روم میں
تصویریں لگا رکھی ہیں
پتہ تک نہیں وضو کرتے وقت
کتنی بار دھوتے ہیں ہاتھ
کون تھا ان کے اجداد میں
مسجد جانے والا آخری شخص
جنھیں یاد نہیں
قرآن کی ایک آیت تک
جو کبھی نہیں ڈرے خدا سے بھی
آج دُبکے پڑے ہیں
اپنے ہی گھر کے کسی کونے میں
اپنی پہچان ظاہر ہونے کے ڈر سے!

صرف نظم

نعمان شوق

ناقوس اور اذان کی آواز پر
جاگنے والا شہر
کروٹ بدل کر سو گیا ہے
ایک بار پھر

ہندوستان کے نقشے پر
کسی اور ملک کی تاریخ لکھنے کے الزام میں
سزا کاٹتے بے گناہ اور معصوم لوگ
کہیں پھنس گئے ہیں
سیاست اور عدالت کے
تنگ چوہے دان میں

گناہ اور تاسف کی
اس بے کنار جلوہ گاہ میں
چلنے اور تھکنے کے درمیان
خوف اور حیرانی کے بھنور میں
الجھ کر کہیں رہ گئی ہے انسانیت
اور ہم !
شاعری کر رہے ہیں
صرف شاعری!

ڈیسوزا کی نظمیں

ترجمہ: اشعر نجمی

فیلکس ڈیسوزا ممبئی کے قریب وسئی کے علاقے میں رہتے ہیں۔ ان کی زبان مراٹھی کی ایک معدوم ہوتی ہوئی بولی 'سام ویدی' ہے۔ شاید اس لیے بھی ان کی نظموں کا خاص موضوع زبان پر ایمان رہا ہے۔ ان کی ایک نظم میں ایک بوڑھی دادی کا ذکر ہے، بھولنے کی وجہ سے دادی کے ساتھ ساتھ ان کی زبان بھی دم توڑ رہی ہے۔ فیلکس ڈیسوزا زبان کے استعارے کو عصری سیاق وسباق سے بھی خوب جوڑتے ہیں۔ جہاں سچ بولنے کی تعریف ہی بدلی جا رہی ہو، یا بچپن میں سننے والے منتر کا جاپ کرتے ہوئے وہ کہتے ہیں کہ اگر انھیں اس منتر کا مطلب معلوم ہوتا تو وہ اسے پڑھ کر اپنے ملک پر آئی ہوئی آفت کو ٹال دیتے۔

اشتہارات اور تماشوں سے مزین صارفیت کی دنیا میں یہ جاننے کے باوجود کہ صرف دیکھنا اور چکھنا ہی اہم ہو گیا ہے اور شاعری سننے اور پڑھنے کا کوئی امکان نہیں ہے، وہ پرزور انداز میں کہتے ہے کہ "اگر تم فنکار ہو تو ضرور کہہ اٹھو گے، یہ جملہ جو تمھارے لیے بہت اہم ہے: 'مجھے کچھ کہنا ہے۔'" آج کے دہشت زدہ ماحول میں جہاں لوگوں کو ڈرا دھمکا کر خاموش رہنے کی تاکید کی جا رہی ہو، وہیں یہ شاعر بولنے کی ضرورت کی طرف توجہ مبذول کراتا ہے۔ اور صرف بولنا ہی نہیں، سوال پوچھتے رہنے کی ضرورت پر بھی زور دیتا ہے۔

فیلکس ڈیسوزا ایک نوجوان مراٹھی شاعر ہیں۔ ان کی نظموں میں ان کی بولی کی روایت سے ماخوذ جاندار جوہر ہے۔ فیلکس نے 'سام ویدی' بولی میں عورتیں مرنے والے شخص کے لیے جو مرثیہ گاتی تھیں، ان ماتمی گیتوں کو بھی فیلکس نے دوبارہ زندہ کیا۔ ایک طرح سے یہ زبان کے ساتھ ساتھ انسانیت کو بھی بچانے کی کوشش ہے۔

فیلکس کی نظموں کا لہجہ دھیما ہے، یہ نظم اونچی آواز میں نہیں بولتی۔ لیکن جس شدت سے وہ عصر حاضر میں عام آدمی کے دکھوں کو بیان کرتے ہیں، وہ ایک انتہائی ذہین مگر مایوس اور حساس انسان کی آواز معلوم ہوتی ہے۔ لوک طرز زندگی، بولیوں، معدوم ہوتی زبانوں کے دُکھ سے، عصری جارحانہ اشتہارات سے بھری دنیا کے جھٹکوں سے زخمی ایک حساس شخص کا مونولاگ ہے۔

ایک اچھے اور عام شہری کی اچھائی کی لکیر کے مقابلے میں آمروں کی بڑھتی ہوئی لکیر اس کی آزادی کے امکانات کو ختم کر رہا ہے۔ اور یہ شاعر اس بات پر اصرار کر رہا ہے کہ اچھائی کے حق میں بولتے رہنا چاہیے اور سوالات پوچھتے رہنے چاہئیں، جو کسی بھی سچے شاعر کا فرض ہے۔

مجھے کچھ کہنا ہے

(1)

کوئی کھینچتا آ رہا ہے لمبی لکیر
جس کے آگے متعدد لکیریں ہوتی جاتی ہیں چھوٹی، اور چھوٹی
اور کچھ تو ہمیشہ کے لیے نظر آنا بند ہو جاتی ہیں

یہ لمبی اور لمبی ہوتی جانے والی لکیر
ہو سکتی ہے ایک مریادا
جس کی وجہ سے پار نہیں کی جا سکتی ہے کوئی بھی
دہلیز
یہ لکیر یعنی ہو سکتی ہے ایک
لکشمن ریکھا
محفوظ محکومیت نافذ کرنے والی۔

(2)

آپ اس آزاد ملک کے شہری ہیں
اور آپ ے چہرے کی معصومیت
انھیں چاہیے اشتہار کے پہلے صفحے پر
جس میں ان کے لیے ممکن ہے چھپانا
سفاکی، تشدد اور شکست

بہت دیر بعد
یعنی جب آپ سچ بولنا چاہتے ہیں

تب سمجھ میں آنے لگتا ہے
زبان میں کوئی معنی نہیں بچا آپ کی دبی ہوئی آواز کے لیے
آپ کے درد کے تلفظ میں دکھائے جاتے ہیں
دیش دروہی لہجہ

(3)

جادوگروں کی ایسی کئی کہانیاں
مشہور ہے اس دیش میں
جنھیں ہم تاریخ سمجھتے آئے ہیں
بچپن سے
جن کے محض منتر جاپ کرتے ہی
خطرناک مصیبتیں ٹل جانے کی کئی کہانیوں سے
ہمیں واقف کرایا گیا ہوتا ہے

ہمیں نہیں پتہ ہوتا ان منتروں کے معنی
اگر پتہ ہوتا تو چولھے پر لکڑی جلاتے ہوئے
ٹالی جا سکتی تھی اس دیش پر
جادوگروں کی شکل میں آئی یہ آفت

دیش کا یہ واقعہ سنایا جائے گا
جب کسی کہانی کی طرح بتایا جائے گا
کہ کیا حشر ہوا تھا اس دیش کا
اور محض منتروں سے بھی
کیسے کایا پلٹ کر دی ایک جادوگر نے اس دیش کی تقدیر

تب آپ کے کانوں میں سنائی دینے لگیں گی حب الوطنی کے
میٹھے گیت منتروں کی طرح
جب آپ میں بالکل بھی نہیں بچے گی
آپ کی کوئی بھی آزادی۔

(4)

آپ اگر فن کار ہیں تو کہہ اٹھیں گے
یہ جملہ جو آپ کے لیے بے حد ضروری ہے

مجھے کچھ کہنا ہے...

اس جملے کے بعد آپ کو اچانک یاد آئے گا
ان کے لیے کتنا بے ضرر ہے آپ کا کہنا
اور آپ کی سمجھ میں آئے گا
کہ آپ کیسے اب تک زندہ ہیں
اور اب تک کیسے بچی ہے زندہ رہنے کی آزادی

آپ شاعر ہیں
اور آپ کہنے لگتے ہیں
زبان سے پیار کرنا
آپ کا حق ہے
آپ حق کے بارے میں بولنے لگتے ہیں

اور نکال لیے جاتے ہیں زبان کا 'کووَچ کنڈل'
بتلایا جاتا ہے
اب کے بعد نہیں بنا سکتا شاعر کوئی نئی زبان

آپ کے سامنے اچانک رکھا جاتا ہے
نئی نویلی خوب صورت
زبان کا نیا سنگھاردان
اور بار بار بتلایا جاتا ہے

نظم لکھنے کی آزادی اب بھی ہے برقرار
آپ لکھ سکتے ہیں خوب صورت نظمیں

آپ، ہم اور ہمارے گیت

اندھیرا ہونے کو ہے
پھر بھی آپ اتنے بے خوف
جیسے واقف ہیں آپ
اس پھیلتے اندھیرے کے راج سے

آپ اجالے میں کھڑے ہو کر
اندھیرے میں سیاہ پڑتی جاتی
آنکھوں میں گن رہے ہیں
کانپتا لرزتا ڈر

اُجالے کی بنیاد پر آپ کرتے رہے
اپنی شیطانی پرچھائیوں کو اور لمبا
بھگوان کو خوش کرنے کے لیے آپ نے
دی ایک زندہ آدمی کی بلی
اپنی پیشانی دھونے کے لیے آپ نے
نکال لیے ایک بے سہارا عورت کے گیلے کپڑے
آگ کے حوالے کر دیں آپ نے اپنے چھوٹے بچوں کی نازک چیخیں
پھر بھی آپ بے خوف
اور کہتے ہیں کہاں ہے چیخ
تشدد کہاں ہے
آپ جس تشدد کی بات کرتے ہیں
وہ ہمارے گاؤں میں نہیں ہے
اور جب زیادہ ہی بولے تو...
تو خاموش بیٹھیے اور دیکھیے
سنائی دیتی ہے یا نہیں کوئی چیخ

اتنی چالاکی آپ میں کہاں سے آتی ہے
کہاں سے آتی ہے جنون پھیلانے کی یہ شتابی

آپ کے خوفناک قدموں کی آواز سے
تباہ کرنے والا خواب پھڑ پھڑا رہا ہے یہاں کے
مستقبل پر
اس برف پر سفید کپڑے میں سلائے گئے
یہ بچے جنھیں زندہ نہ دکھا کر
آپ کہتے ہیں خاموش بیٹھیے
اور کہتے ہیں شاعر صاحب!
اپنے نرم ضمیر سے لکھیں
ریاست کی شان میں نغمہ
بدلے میں ہم آپ کو دیں گے بھرپور معاوضہ
اور مہیا کرائیں گے سرکاری پناہ

مگر آپ کی دروغ بیانی اور لالچ کی
سازش میں ہمارے نغمے دھوکہ نہیں کھائیں گے
وقت کی صدائیں سننے کا یہی تو وقت ہے
دروازہ کھولنے سے پہلے ہی اندر گھس آنے والے
ڈر سے بغیر ڈرے
نظم کے دروازے پوری طرح کھلے رکھنے ہوں گے
اور شاعروں کے دل بھی
اس پھیل رہے ڈر کو لوٹانے کے لیے

چھ سات باتیں

(1)

جو آپ کو اور مجھے بھی پتہ ہے

اور ہمیں پتہ ہے
کتنا ضروری ہے اسے چیخ چیخ کر بتانا
پھر بھی ہم بتا نہیں سکتے کسی کو
ہم آپس میں سرگوشیاں کرتے ہیں بس
کہتے ہیں
کہ بے حد خراب ہے زمانہ
اور اس سے بھی خراب ہے ان دنوں زندہ رہنا

(2)

اس بات کے بارے میں، میں آپ کو
کچھ بھی نہیں بتاؤں گا
کیوں کہ راز اس بات کی اصلی ضرورت ہے
اور پھر
آپ اپنے خاص ہیں
اس لیے آپ سے کہتا ہوں
آپ کسی سے نہیں کہیں گے اس شرط پر
اسی شرط پر مجھے بتلائی گئی تھی
یہ بات۔

(3)

یہ دراصل افواہ ہے
اور پھیلتے جانا
یہی اس کے افواہ ہونے کا
ثبوت ہے
اور زیادہ تر
جب پھیلائی جاتی ہے افواہ
تو وہ افواہ کی طرح نہیں پھیلائی جاتی

وہ پھیلائی جاتی ہے کسی ڈر کی طرح
جو کسمساتا رہتا ہے ہمارے آگے پیچھے
اور جب ہم کر رہے ہوتے ہیں کوشش
گردن سیدھی رکھ کر چلنے کی
تو ہمارے کندھے پر ہاتھ رکھ کر
دبایا کرتا ہے ہمارے کندھے

(4)

یہ سب سے
خوفناک بات ہے
جو اسکول کی کتاب میں
چھپی ہے

جس میں کتنے ہی برسوں سے ہارتا آیا ہے ایک بدمعاش
جس میں سے سنائی پڑتے ہیں شریفوں کی
جیت کے ڈھول نگاڑے

بدمعاش شریف کی تاریخ
ان دنوں بھی بتایا جاتا ہے
جہاں بدمعاشوں کے گھروں سے سنائی دیتے ہیں جیت کے ڈھول نگاڑے
اور سوئی کی نوک سے اونٹ گزر جائے اتنا
مشکل ہو گیا ہے شریفوں کا جیتنا

(5)

سیاہ پتھر کی لکیر جتنے واضح
اور روز طلوع ہونے والے سورج سے
بتایا جاتا ہے جس کا رشتہ
ایسی بات جو چھپا کر رکھی گئی ہے

قدیم خزانے جیسی
جس کے بارے میں، میں اتنا ہی بتا سکتا ہوں
وہ اتنی قیمتی ہے
کہ اس بات کے صرف کہنے پر ہی ہو سکتی ہے سزائے موت

یا استقبال ہو گا کسی بادشاہ کے سپہ سالار
یکدم خاموش بیٹھنے کے عوض

(6)

پانچ چھ باتوں میں یہ
آخری بات
جو آپ کو معلوم ہے
اور
سبھی کو پتہ ہے
اور
اہم بات یہ کہ اس بات کا پتہ ہونا
بالکل ضروری نہیں

جنون

خبروں میں ملا ہوا یہ تشدد
بار بار نظر آ رہی ہے نمایاں
نمایاں دکھایا جا رہا ہے تشدد
تشدد کے خوفناک منظر سے
ڈرایا جا رہا ہے پھر، پھر
جیسے کی جا رہی ہو تاکید
کچھ نہ کہنے کے بارے میں
ایک نوجوان کہتا ہے

کیوں دکھایا جارہا ہے تشدد
جو مجھے مسلسل اپنی طرف کھینچتا ہے
ایک بوڑھا کہتا ہے
سبھی کی آنکھوں میں ہوتا ہے موتیا بند
مجھے بھی اب صاف نظر نہیں آتا
فلمی منظر کی طرح منصوبہ بند طریقے سے
شوٹ کیے گئے منظر تشدد کے

نہیں دکھایا جاتا ہے تشدد کا اصلی چہرہ

دکھائے جاتے ہیں تشدد کے بعد کے منظر جس میں
انسانوں کی جسامت جیسی چھوٹی چھوٹی
گٹھریاں پیٹھ پر باندھے جو راہ مل جائے اس پر
چل پڑے ہیں لوگ کسی سمت میں
جن کے ہارے ہوئے ہیولے پیچھے سے
دکھائی جاتے ہیں بار بار...

اپنے چہرے پر ڈالی گئی
تیز روشنی میں ڈھک جاتی ہیں
ان کی آنکھوں کے
موت کے گھاٹ تک پہنچے ہوئے خوفزدہ خواب

دکھائی جاتی ہیں خوفزدہ ہو کر بھاگتے ہوئے
پھولی ہوئی سانسیں
قدموں کو بھگوڑا پن
چھپ کر دیکھنے والی دہشت زدہ آنکھیں
تباہ ہو چکے گھر
لرزتے کانپتے ہوئے خود میں سمٹتی لڑکیاں

تتر بتر ہو چکے بھونچکے بچے

سارا خوف بالکل درست ٹائمنگ کے ساتھ
کیمرے میں قید ہو گیا ہے
خبروں میں ملا ہوا یہ تشدد دکھایا جاتا ہے
خوف کی طرح
چھپا ہوا رہتا ہے تشدد اور پُر جوش تذکرے میں
تشدد کے پیچھے کی کرتوت
اور کسی کی جیت کا خوفناک جنون
لپیٹا جاتا ہے مٹی میں
جس پر لہراتی رہتی ہے
لوگوں کی قومی آزادی

ہماری زندگی کی قیمت صرف ایک مذمتی بیان ہے

نسیم خان

دنیا مریخ پر آبادکاری کے خواب دیکھ رہی ہے
اور ہم اپنی زمین پر بھی غیر محفوظ ہیں
وہ ہمیں غاروں میں دھکیل دیتے ہیں
پھر کسی دن جب ہم میں سے کوئی غار سے نکل آتا ہے
تو اسے آدم خور بتا کر گولیوں سے چھلنی کر دیا جاتا ہے

ان کی بندوقوں کی آگ کو ہمارے آشیانوں کا بخوبی علم ہے
ان کے بم جانتے ہیں کہ ہمارے چیتھڑے کیسے اڑانے ہیں

ہمارے بچوں کے سر جوان ہوتے ہی پک چکی فصلوں کی طرح کاٹ دیے جاتے ہیں
وہ ہمارے بچوں کی کتابیں نکال کر
ان کے بستوں کو ان کے جسم کے ٹکڑوں سے بھر دیتے ہیں

زندگی کے نام پر
ہمیں صرف آنکھ مچولی کی اجازت ہے
جب تک کہ وہ ڈھونڈ کر ہمیں مار نہیں دیتے
ہم ان کے لیے اہداف ہیں جن پر وہ نشانہ بازی سیکھتے ہیں
ہمارے سر کے اوپر کسی سیب کی طرح
ہماری قومیت رکھ کر نشانہ باندھ دیا جاتا ہے
دوناں میں سے ایک کو تو گولی لگنی ہی لگنی ہے
ہماری شرح اموات، شرح پیدائش سے زیادہ ہے

محبت اور جنگ یونیورسلی پروپور (B » ہیں

نسیم خان

جب ہم گہری نیند سو جاتے ہیں
تو جنگ چپکے سے آ کر اپنا کوڑا کرکٹ ہمارے صحن میں پھینک دیتی ہے

ہمارے دن کا آغاز کچرہ اٹھانے سے ہوتا ہے
ہم کچھ آہوں کو بریڈ پر مل کر ٹھونس لیتے ہیں
اور شہر میں نکل پڑتے ہیں
(شہر جدید جنگل ہے جس کے جانور انسان ہیں)

ہمارے بچوں کو جنگ کی ریاضی پڑھائی جاتی ہے
جہاں ایک بم سینکڑوں انسانی جانوں کے برابر ہوتا ہے

والدین جانتے ہیں کہ
ان کے زندہ کھلونوں کے سینے کیسے چھلنی ہوتے ہیں

ہمارے دن کا آغاز ایک رات سے ہوتا ہے
دن صرف روشنی کا نام نہیں ہے اور رات صرف اندھیرا نہیں ہوتا
کچھ دن رات سے زیادہ تاریک ہوتے ہیں
کیونکہ ان میں دلوں کی سیاہی گھل چکی ہوتی ہے
ایک رات کا آغاز ضرور ایک جنگ سے ہوا ہوگا
جب بچوں کو کسی پہاڑی کے پیچھے یا کسی جنگل میں چھپنے کی جگہ نہیں ملی ہوگی

جنگ اور ہجرت کے دنوں میں دن کے نام پر صرف روشنی ہوتی ہے
تاکہ لوگ اپنی تباہی کا جائزہ لے سکیں

ملبے سے نکلنے والی لاش ایسے ہوتی ہے
جیسے کسی مکان کو مردہ بچہ ہوا ہو

میں اور تو کچھ نہیں کر سکتا
مگر جن کے ہاتھ جنگ نے چھین لیے ہیں
ان سے اظہارِ یکجہتی کے طور پر
اپنی نظم کو نامکمل چھوڑتا ہوں

جبری گمشدگی

نسیم خان

ہمارا قصور صرف اتنا ہے کہ ہم اپنے پیڑوں کی آکسیجن لیتے ہیں
اپنے دریاؤں کا پانی پیتے ہیں
اپنی زمیں کو بچھاتے اور اپنے آسماں کو اوڑھتے ہیں
ہمارا قصور صرف اتنا ہے کہ ہم اپنے نام سے پکارے جانا چاہتے ہیں
وہ نام جو ہمیں اپنے آبا و اجداد اور اپنی دھرتی سے ملا ہے
مگر وہ ہمیں باغی قرار دیتے ہیں

ہمارے بیٹوں کو سڑکوں پر سے
گندم کے دانوں کی طرح چُگ لیا جاتا ہے
وہ ہمارے لوگوں کو لاپتہ کر دیتے ہیں
جیسے جادوگر اپنی ٹوپی میں کبوتر کو غائب کر دیتا ہے
وہ ہمارے بچوں کو یوں غائب کر دیتے ہیں
جیسے وہ کبھی تھے ہی نہیں
وہ صرف کاغذات میں زندہ رہتے ہیں:
نام، تاریخِ پیدائش، ولدیت، قوم...
(یقیناً، آثارِ قدیمہ والے کئی سو سال بعد ہماری آہوں کا کوئی قبرستان ڈھونڈ نکالیں گے)
وہ صرف ہمارا بیٹا نہیں ہوتا
بلکہ وہ ایک نسل
ایک زبان

ایک جغرافیے
اور ایک تاریخ کو لاپتہ کر دیتے ہیں

ان کے بس میں ہوتا
تو وہ سورج کو کسی ٹارچر سیل میں پھینک دیتے
چاند کی لاش کسی بوری سے ملتی

ان کے بس میں ہوتا تو وہ زندگی کو کسی جعلی انکاونٹر میں مار دیتے

کوئی نہیں جانتا
لاپتہ بچوں کی مائیں
ایک دن میں اپنے اندر کتنی دفعہ لاپتہ ہوتی ہیں

کوئی نہیں جانتا
لاپتہ لوگوں کی روحوں کو موت کا کون سا فرشتہ پہلے
قبض کرتا ہے
کوئی نہیں جانتا
لاپتہ لوگوں اور سوالوں میں کیا فرق ہوتا ہے؟

جنگ اور مزید جنگ

نسیم خان

یقیناً جنھوں نے جنگ کا آغاز کیا ہوگا
ان کی مائیں نہیں ہوں گی
جوان کے سر اپنی گود میں رکھ کر
انھیں بتاتیں
بیٹا، کسی بھی زمین کا ٹکڑا اماں کی گود سے زیادہ پرسکون نہیں ہوسکتا

جنگ مسلط کرنے والے نہیں جانتے کہ
ایک بچے کی موت کے ساتھ
ایک ستارہ بھی بجھ جاتا ہے
اور ایک دن آسمان پر مکمل اندھیرا چھا جائے گا

وہ نہیں جانتے کہ پھولوں کو گولیوں سے چھلنی نہیں کرتے
تتلیوں کو آری سے نہیں کاٹتے
اور قوس قزح کو توپ سے نہیں اڑاتے
وہ نہیں جانتے
خون کوئی مشروب نہیں ہے
آہیں اور سسکیاں کوئی گیت نہیں ہیں
انسان ان کے غلام نہیں ہیں
اور وہ کوئی خدا نہیں ہیں

جن کے باپ مار دیے گئے ہوں
ان کو ستارے انگلی سے پکڑ کر چلنا کیسے سکھائیں گے؟
کوئی پیڑ انھیں کندھوں پر کیسے بٹھا کر گلیوں میں گھمائے گا؟

جن ماؤں کے بچے مار دیے گئے ہوں
سورج ان کے سینوں میں توپ کے گولے کی طرح ڈوبتا ہے

جن بچوں کی مائیں ماردی گئیں ہوں
ان کو چاند اپنی چھاتی سے دودھ کس طرح پلائے گا؟

یقیناً جنگ کا آغاز انھوں نے کیا ہوگا
جن کی مائیں اب نہیں رہیں
وہ موت کو غور سے سننا چاہتے ہیں
اور سمجھتے ہیں کہ
سب سے میٹھی لوری وہی ہے جو موت انھیں سناتی ہے

بلوچ

نسیم خان

ہم وہ ہیں جن کے سوال بوریوں میں بند کسی سڑک پر پھینک دیے جاتے ہیں
ہمارے پہاڑوں کو بیڑیاں پہنا کر گھٹنے ٹیکنے پر مجبور کر دیا جاتا ہے
ہماری معدنیات کو پہاڑوں کی جیبوں سے برآمد ہونے والی منشیات کا نام دے کر
تحویل میں لے لیا جاتا ہے

ہمارے جھرنوں میں خون ملا کر انھیں نا قابل استعمال بنا دیا جاتا ہے
ہمارے درختوں کو
چاروں طرف سے گھیر کر انھیں
پھل پھینکنے پر مجبور کر دیا جاتا ہے
اور ان کے سایوں پر فائر کھول دی جاتی ہے

ہمارے پرندوں کو ڈرون قرار دے کر
انھیں زمین پر گرا دیا جاتا ہے

ہماری عورتوں کے نافوں سے ہرنوں کی طرح مشک حاصل کیا جاتا ہے
ہمارے مردوں کو بھیڑیے بتا کر ان کے سینوں میں گولیاں داغ دی جاتی ہیں
ہمارے بچوں کو سنپولے بتا کر ان کے سر کچل دیے جاتے ہیں

مگر وہ بھول جاتے ہیں کہ
سوال آنکھیں نہیں کہ جن پر ہاتھ رکھ دینے سے نظر آنا بند ہو جائے گا
سوال گرہیں ہیں جو سلجھانے کے بعد خود بخود غائب ہو جاتی ہیں

وویک آسری کی کچھ نظمیں

ترجمہ: اشعر نجمی

وویک آسری پیشے سے صحافی، دل سے سیاح اور سپردگی سے شاعر اور ادیب ہیں۔ ہندوستان، یورپ اور آسٹریلیا کے میڈیا ہاؤسیز میں آن لائن، ریڈیو اور ٹیلی ویژن صحافت سے وابستہ ہیں۔ فی الحال آسٹریلیا میں مقیم ہیں۔ ڈراموں میں گزشتہ کئی برسوں سے فعال ہیں۔ ان کے پہلے ڈرامے 'کورٹ مارشل نہیں' کو 2009 کا موہن راکیش انعام مل چکا ہے۔ ان کی تخلیق 'انصاف ایک سیدھی لکیر ہے' ایک طویل کہانی اور ڈرامے کے فارم میں بھی شائع ہو چکی ہے۔

مینی فیسٹو

تاناشاہ بنتے ہی
میں کروادوں گا ہجر کے مارے
پریمیوں کی شادی

سب کو کرنا ہوگا پیار
اور بچھڑنا ناجائز مانا جائے گا

پیدا ہونا لازمی نہیں ہوگا
مگر پیدا ہونے کے بعد بھی
نہ جینے پر دینا ہوگا جزیہ

میرے اسفار سے پہلے
شہروں میں بوئے جائیں گے گُل مہر
اور گائے جائیں گے اُداس گیت

نوکری مانگنے والوں سے مانگی جائے گی
بھرپور نیند کی سند
اور نوکری دینے والوں کو تنخواہ کے علاوہ
دینی ہوگی روٹی اور کھیر

میں جانتا ہوں
تم اسے حماقت کہتے ہو
مگر میں اسے کہتا ہوں خواب
اور مانگتا ہوں ووٹ
مجھے ایک دن کے لیے تاناشاہ چُن لو!

نظمیں وطن کے مفاد کے لیے نہیں ہوتیں

جیسے ہوائیں آنکھوں کے مفاد کے لیے نہیں ہوتیں
وہی اُکساتی ہیں ریت کے ذروں کو
اُچھل کے کرکری بننے کے لیے

ویسے ہی
نظمیں وطن کے مفاد کے لیے نہیں ہوتیں
وہی بتاتی ہیں کہ سرحد قید کرتے ہیں
انسان کو
اِس طرف بھی اور اُس طرف بھی
دیتی ہیں علم
کہ کیا رحم ہے اور کیا ظلم

بتایئے سانپ کو
زہر مارنے کا تریاق پسند آئے گا کیا؟

سُکھ کا گرامر

آجائے گا
ہوجائے گا
بدل جائے گا
دھرو
کرو
مت ڈرو
یہ سب خوشگوار افعال ہیں
امید سُکھ کے گرامر کا نام ہے

دُکھ کسی اصول کی گرفت میں نہیں ہے
سارے افعال اس کے قیدی ہیں
اور ساری صفات اس کے خریدے ہوئے غلام

ایک سانحہ چاہیے

پیڑ جتانے لگے ہیں
کہ وہ اونچے ہوتے ہیں پودوں سے
پھل سبزیوں کے مقابل ہیں
اور پھول جو کھل چکے ہیں
نہیں چاہتے کہ کلیاں ذرا سا بھی مسکرائیں
دیواریں رنگوں سے آنک رہی ہیں اپنی اوقات
اور مکان بنیادوں کو جڑیں بتا کر
اِترا رہے ہیں جھونپڑیوں کے سامنے
مٹی گھاس کو دھتکار رہی ہے

کہ کہیں اور اُگو
ریت مٹی کو ڈرا رہی ہے
کہ چھو کر دکھاؤ
تالاب کا پانی نہر سے
نہر اکا ندی سے
اور ندی کا سمندر سے
پوچھ رہا ہے اس کی جات

ایک سانحہ چاہیے
جو ایک دھماکے سے گرے
اور سب کو برابر کر دے!

[بشکریہ 'سدا نیرا'، 21 دسمبر 2023]

بولو تاکہ تم پہچانے جاؤ

عبدالسمیع

بھرے بازار میں لنچنگ ہوتی ہے
اور تم خاموشی سے گزر جاتے ہو
گلیوں میں عورتوں کی چادریں چھینی جاتی ہیں
اور تم نظریں چرا کر نکل جاتے ہو
اسکرین پر عصمتیں تار تار ہوتی ہیں
اور تم اسکرول کرتے ہوئے آگے بڑھ جاتے ہو
سوشل میڈیا پر کردار کشی ہوتی ہے
اور تم 'رپورٹ' کی زحمت نہیں اٹھاتے
ٹیلی وژن پر فتنہ انگیز خبریں دکھائی جاتی ہیں
اور تم کیبل کا کنکشن تک نہیں ہٹاتے
محلے میں ڈی جے کا شور ہوتا ہے
اور تم اپنی کھڑکیاں بند کر کے مطمئن ہو جاتے ہو
کوئی بلاوجہ تمھارا گریبان پکڑ لیتا ہے
اور تم سرِ تسلیم خم کر دیتے ہو
تمھاری یہی روش تمھیں اپنی نظروں میں ذلیل
اور
دوسروں کی نگاہ میں بزدل اور منافق بناتی ہے

اپنا پاؤں زمین پر مارو
اپنا ہاتھ ہوا میں لہراؤ
مکّہ بناؤ اپنی ہتھیلی پہ مارو

اپنی اکڑی ہوئی گردن کے کس بل نکالو
ریڑھ کی ہڈی کی سلامتی کا اظہار کرو
سر کو انکار میں ہلاؤ
اپنی زبان کھولو
چیخو چلّاؤ
بہ آواز بلند بولو
زور
اور زور سے بولو
بولو تا کہ تم پہچان لیے جاؤ

پہچان لیے جاؤ کہ
یہی پہچان باقی رہے گی۔

کشف

عبدالسمیع

اس نے توپ کا مقابلہ پتھر سے کرتے دیکھا
تو حیران ہوا اور دیر تک دیکھتا رہا
میزائل اور جیٹ کو غلیل سے زیر کرنے کا حوصلہ
اسے دیر تک متحیر و ششدر رکھا
اسے لگا کہ یہ کوئی ویڈیو گیم ہے اور یہ سارا کھیل
اینیمیشن کے سہارے کھیلا اور نشر کیا جا رہا ہے

ایک زوردار دھما کہ ہوا اور غبار کے ساتھ بارود
اس کے نتھنوں میں بھر گیا

وہ وحشت میں یہ سوال کرتا ہوا بھاگا

بارود کی انتہا کیا ہے؟
بارود کا خاتمہ کب ہوگا؟
زندگی کہاں ختم ہوتی ہے؟
زندگی کی انتہا کیا ہے؟

عالم وحشت میں اس پر کشف ہوا
بارود کی انتہا یہ ہے کہ وہ زندگی پیدا کرے
اور زندگی کی انتہا یہ ہے کہ وہ بارود بن جائے

میرا قاتل

عبدالسمیع

وہ روز ہم سے کچھ چھین لیتا ہے

ہماری مشکیں کس دی جاتی ہیں
اور وہ ہماری تڑپ پر مسکراتا ہے

پاؤں میں بیڑیاں ڈال کر ہماری رفتار چھین لی جاتی ہے
اور وہ ہماری لڑکھڑاہٹ پہ قہقہے لگاتا ہے

کانٹے دار تاروں سے ہماری کلائیاں باندھی جاتی ہیں
اور ٹپکتے خون سے وہ رنگولی بناتا ہے

سرد موسم میں برہنہ جسم سے خون کے قطرے نچوڑ لیے جاتے ہیں
کہ ہمارا لہو اسے سرخ رو بناتا ہے

اسے سرخ رو رہنے کی لت پڑ چکی ہے

وہ دن قریب آ چکا ہے

جب ہم مار دیے جائیں گے دن کی روشنی میں
ہماری بستی تاریکی میں ڈوبی ہوگی
اور
ہماری آخری چیخ قید کر لی جائے گی

وہم
عبدالسمیع

ایک ایسا شخص
جس کا سر
دھوپ میں ریگستان کی طرح
چمکتا ہے اور اس کی تہہ میں
زہریلے سانپوں کا خاندان آباد ہے

جس کی پیشانی پر سازشی لکیریں
رقص کرتی ہیں
اور
آنکھوں میں دیدۂ آب کی جگہ
شقاوت کی خشکی بھری ہے
جنھیں دیکھ ہر ذی روح میں
دہشت بھر جاتی ہے

جس کی زبان زہر کے لعاب سے تر ہے

جس کے نتھنوں پر زہر کی تھیلی کا گمان ہوتا ہے
اور
جس کی چال ڈھال سے رعونت ٹپکتی ہے

اسے یقین ہے کہ وہ
ہماری بستی کا خدا ہے

بلڈوزر

عبدالسمیع

برسوں پہلے ولی کے مزار پر جب بلڈوزر چلا تھا
میر اپنی قبر میں زار زار روئے

میر کی قبر کو جب کوڑے گھر میں تبدیل کیا گیا
تو ذوق دہلی کے صدر بازار میں تڑپ اٹھے

جب ذوق کی آرام گاہ پیشاب گھر میں تبدیل ہوگئی
غالب بہت جز بز ہوئے
اپنے محفوظ اور پرسکون احاطے کو دیکھا
مطمئن ہو کر لمبی سانس خارج کی اور سر تکیے سے ٹکا دیا

دفعتاً گھبرا کر اٹھ بیٹھے
کسی ناگہانی کے وسوسے کو سر اٹھاتے دیکھ کر
سرد آہ بھرتے ہوئے کہا:
'کس کے گھر جائے گا سیلاب بلا میرے بعد'